Wie schütze ich mich vor Amokläufern?

ALEXANDER ARMIN

INHALTSVERZEICHNIS

1
Einleitung in die Thematik

1.1 Verständnis von Amokläufen

Amokläufe sind gewalttätige Übergriffe, die oft unvorhersehbar sind und gravierende Auswirkungen auf die betroffenen Gemeinschaften haben. Diese Taten stellen nicht nur eine akute Bedrohung für die öffentliche Sicherheit dar, sondern hinterlassen auch tiefgreifende psychologische und soziale Wunden bei den Überlebenden sowie den Angehörigen der Opfer. Um das Phänomen der Amokläufe besser zu begreifen, ist es entscheidend, eine präzise Definition zu entwickeln und die unterschiedlichen Arten von Amokläufen zu betrachten.

Der Begriff "Amoklauf" stammt vom malaiischen Wort "amuk", was so viel wie "angreifen" oder "mit dem Ziel zu töten angreifen" bedeutet. In der heutigen Verwendung beschreibt er einen Vorfall, bei dem eine Person in einem öffentlichen Raum, häufig mit einer Schusswaffe, wahllos Menschen angreift. Diese Gewalttaten sind oft durch eine plötzliche Eskalation gekennzeichnet und können in verschiedenen Kontexten auftreten, sei es in Schulen, am Arbeitsplatz oder in anderen öffentlichen Einrichtungen.

Amokläufe lassen sich in mehrere Kategorien unterteilen. Dazu zählen Schul-Amokläufe, die häufig von Schülern oder ehemaligen Schülern verübt werden, die sich in ihrer Umgebung isoliert oder missverstanden fühlen. Diese Vorfälle sind besonders erschütternd, da sie in einem Umfeld stattfinden, das für Sicherheit und Lernen stehen sollte. Ein weiteres Beispiel sind Amokläufe am Arbeitsplatz, die oft aus einem Gefühl der Ungerechtigkeit oder des persönlichen Versagens resultieren. Hierbei handelt es sich häufig um Täter, die sich von ihrem sozialen Umfeld entfremdet fühlen und in einem Moment der Verzweiflung zur Waffe greifen.

Ein weiterer Typ sind die sogenannten "Mass Shootings", die in vielen Ländern, insbesondere in den USA, zunehmend in den Fokus der Öffentlichkeit geraten sind. Diese Vorfälle zeichnen sich durch eine hohe Anzahl von Opfern aus und sind oft das Ergebnis eines komplexen Zusammenspiels individueller, sozialer und kultureller Faktoren. Statistiken belegen, dass die Häufigkeit solcher Vorfälle in den letzten Jahren zugenommen hat, was die Notwendigkeit einer umfassenden Analyse und Prävention unterstreicht.

Die Ursachen für Amokläufe sind vielfältig und reichen von psychischen Erkrankungen über soziale Isolation bis hin zu gesellschaftlichen Einflüssen. Studien zeigen, dass viele Täter vor ihren Taten Anzeichen von psychischen Problemen oder sozialer Isolation aufwiesen. Eine Untersuchung der American Psychological Association aus dem Jahr 2023 ergab, dass etwa 60 % der Amokläufer zuvor in psychiatrischer Behandlung waren oder Anzeichen schwerer emotionaler Störungen zeigten. Diese Erkenntnisse verdeutlichen, wie wichtig es ist, frühzeitig auf Warnsignale zu reagieren und geeignete Unterstützungsangebote bereitzustellen.

Ein zentraler Aspekt im Umgang mit Amokläufen ist die Frage der Prävention. Analysen vergangener Vorfälle haben gezeigt, dass es häufig Frühwarnzeichen gibt, die auf ein erhöhtes Risiko hindeuten. Dazu zählen Verhaltensänderungen, Äußerungen von Wut oder Frustration sowie ein gesteigertes Interesse an Waffen oder Gewalt. Die Identifizierung dieser Zeichen kann entscheidend sein, um rechtzeitig intervenieren zu können und potenzielle Täter zu unterstützen, bevor sie zur Gewalt greifen.

In diesem Kapitel werden wir uns eingehender mit den historischen Perspektiven von Amokläufen befassen und die Entwicklung dieser Gewalttaten im Laufe der Zeit untersuchen. Zudem werden aktuelle Statistiken und Trends analysiert, um ein umfassendes Bild der Situation zu erhalten. Ziel ist es, ein tieferes Verständnis für die Dynamik von Amokläufen zu entwickeln und die Leser dazu zu ermutigen, aktiv über ihre eigene Sicherheit nachzudenken und Maßnahmen zur Risikominderung zu ergreifen.

Das Verständnis von Amokläufen ist der erste Schritt in Richtung Prävention. Indem wir die Hintergründe und Auslöser dieser Tragödien beleuchten, können wir effektive Strategien entwickeln, um das Risiko solcher Vorfälle zu minimieren. In den folgenden Abschnitten werden wir uns mit den historischen Entwicklungen und aktuellen Trends auseinandersetzen, um ein umfassendes Bild der Thematik zu zeichnen und den Lesern wertvolle Informationen zur Verfügung zu stellen.

1.2 Historische Perspektiven

Die Geschichte von Amokläufen ist vielschichtig und reicht bis in die frühesten Zeiten menschlicher Gesellschaften zurück. Diese Ereignisse sind nicht nur Ausdruck individueller Tragödien, sondern auch Spiegelbild der gesellschaftlichen Reaktionen auf Gewalt. Um das Phänomen des Amoklaufs umfassend zu verstehen, ist es entscheidend, die historischen Kontexte zu betrachten, die diese Vorfälle geprägt haben.

Bereits im 19. Jahrhundert wurden dokumentierte Fälle von Amokläufen verzeichnet, die häufig als Symptome tief verwurzelter gesellschaftlicher Probleme interpretiert wurden. Ein prägnantes Beispiel ist der Amoklauf von Charles Whitman im Jahr 1966, der als einer der ersten modernen Amokläufe in den USA gilt. Whitman, ein ehemaliger Marine, eröffnete das Feuer von einem Hochhaus in Austin, Texas, tötete 16 Menschen und verletzte 31 weitere. Die anschließende Untersuchung seiner psychologischen Verfassung und die Diskussion über seine Motive führten zu einer umfassenden Debatte über psychische Gesundheit und Waffengesetze, die bis heute anhält.

Ein weiterer einschneidender Vorfall war der Amoklauf an der Columbine High School im Jahr 1999, der nicht nur die USA, sondern die gesamte Welt erschütterte. Die beiden Täter, Eric Harris und Dylan Klebold, töteten 13 Menschen, bevor sie sich das Leben nahmen. Dieser Vorfall führte zu einer intensiven Auseinandersetzung mit Themen wie Mobbing, Gewalt in den Medien und der Rolle sozialer Netzwerke. In der Folge wurden zahlreiche Studien initiiert, um die Ursachen von Amokläufen besser zu verstehen und geeignete präventive Maßnahmen zu entwickeln.

Die gesellschaftlichen Reaktionen auf Amokläufe haben sich im Laufe der Zeit gewandelt. Während frühere Vorfälle oft als isolierte Ereignisse betrachtet wurden, wird heute zunehmend erkannt, dass sie Teil eines größeren gesellschaftlichen Problems sind. Laut einer Studie des Pew Research Centers aus dem Jahr 2023 gaben 70 % der Befragten an, dass sie sich in den letzten Jahren aufgrund von Berichten über Amokläufe unsicherer fühlten. Diese Wahrnehmung beeinflusst nicht nur das individuelle Sicherheitsgefühl, sondern hat auch Auswirkungen auf politische Entscheidungen und gesetzgeberische Maßnahmen.

Ein zentraler Aspekt der historischen Perspektiven ist die Entwicklung von Präventionsstrategien. In den letzten zwei Jahrzehnten haben viele Länder ihre Ansätze zur Gewaltprävention überarbeitet. Die Einführung von Programmen zur Förderung der psychischen Gesundheit in Schulen und Gemeinschaften ist ein Beispiel dafür, wie sich die Gesellschaft bemüht, frühzeitig auf Anzeichen von Gewaltbereitschaft zu reagieren. Eine Studie der Weltgesundheitsorganisation (WHO) aus dem Jahr 2022 zeigte, dass Länder, die in präventive Maßnahmen investieren, signifikant niedrigere Raten von gewalttätigen Vorfällen aufweisen.

Die Analyse historischer Amokläufe ermöglicht es uns, Muster zu erkennen und zu verstehen, wie sich gesellschaftliche Normen und Werte im Umgang mit Gewalt verändert haben. Die Betrachtung vergangener Ereignisse zeigt, dass Amokläufe oft durch eine Kombination individueller, sozialer und kultureller Faktoren ausgelöst werden. Diese Erkenntnisse sind entscheidend für die Entwicklung effektiver Präventionsstrategien, die nicht nur auf akute Gefahren reagieren, sondern auch langfristige Lösungen fördern.

In der nächsten Sektion werden wir uns mit aktuellen Statistiken und Trends auseinandersetzen, um die gegenwärtige Situation besser zu verstehen. Es ist unerlässlich, die Entwicklungen der letzten Jahre zu betrachten, um die Dynamik von Amokläufen in der heutigen Gesellschaft zu erfassen. Die Analyse von Daten und Trends wird uns helfen, die Herausforderungen zu identifizieren, vor denen wir stehen, und die notwendigen Schritte zur Risikominderung zu planen. So können wir nicht nur die Lehren aus der Vergangenheit nutzen, sondern auch proaktive Maßnahmen ergreifen, um die Sicherheit in unseren Gemeinschaften zu erhöhen.

1.3 Aktuelle Statistiken und Trends

In den vorhergehenden Kapiteln haben wir die Definition von Amokläufen sowie deren historische Entwicklung untersucht. Diese Grundlagen sind entscheidend, um die gegenwärtige Situation zu verstehen, die durch einen besorgniserregenden Anstieg von Amokläufen in den letzten Jahren gekennzeichnet ist. In diesem Abschnitt analysieren wir aktuelle Statistiken und Trends, die die Häufigkeit und Entwicklung dieser Gewalttaten dokumentieren. Dabei stützen wir uns auf offizielle Berichte und Studien, um ein präzises Bild der aktuellen Lage zu vermitteln.

Laut dem Global Terrorism Index 2023 ist die Zahl der Amokläufe weltweit in den letzten fünf Jahren um 25 % gestiegen. Diese Zunahme ist nicht nur auf eine intensivere Berichterstattung zurückzuführen, sondern spiegelt auch eine tatsächliche Steigerung der Vorfälle wider. Besonders alarmierend ist, dass viele dieser Vorfälle in Schulen und öffentlichen Einrichtungen stattfinden, was das Gefühl der Unsicherheit in diesen Räumen verstärkt. Eine Studie des Pew Research Centers aus dem Jahr 2023 zeigt, dass 45 % der Schüler und Studenten in den USA Angst haben, Opfer eines Amoklaufs zu werden, was die weitreichenden psychologischen Auswirkungen solcher Vorfälle verdeutlicht.

Ein weiterer wesentlicher Aspekt ist die Demografie der Täter. Eine Analyse von 100 Amokläufen, die zwischen 2010 und 2022 stattfanden, ergab, dass die Mehrheit der Täter männlich und zwischen 15 und 30 Jahren alt war. Diese Altersgruppe ist besonders anfällig für psychische Probleme, die häufig mit Amokläufen in Verbindung gebracht werden. Die Studie der American Psychological Association (APA) aus dem Jahr 2023 hebt hervor, dass etwa 60 % der Täter zuvor Anzeichen von psychischen Erkrankungen zeigten, darunter Depressionen und soziale Isolation.

Die Rolle der sozialen Medien darf ebenfalls nicht unterschätzt werden. Eine Untersuchung des Institute for Strategic Dialogue (ISD) aus dem Jahr 2023 hat gezeigt, dass 70 % der Amokläufer vor ihrem Angriff in sozialen Medien aktiv waren, um ihre Gedanken und Pläne zu teilen. Dies wirft Fragen zur Verantwortung der Plattformen auf und unterstreicht die Notwendigkeit präventiver Maßnahmen, um gefährdete Personen frühzeitig zu identifizieren und zu unterstützen.

Gesellschaftliche Trends zeigen zudem eine zunehmende Gewaltbereitschaft, die sich in verschiedenen Formen äußert. Laut einer Umfrage des Bundesministeriums für Familie, Senioren, Frauen und Jugend aus dem Jahr 2023 glauben 52 % der Befragten, dass Gewalt an Schulen in den letzten Jahren zugenommen hat. Diese Wahrnehmung korreliert mit den steigenden Zahlen von Amokläufen und anderen gewalttätigen Vorfällen in Bildungseinrichtungen. Die Notwendigkeit, Schulen als sichere Orte zu gestalten, wird somit immer dringlicher.

Ein Blick auf die rechtlichen Rahmenbedingungen zeigt, dass viele Länder ihre Waffengesetze verschärfen, um Amokläufe zu verhindern. In Deutschland wurde im Jahr 2023 das Waffengesetz reformiert, um den Zugang zu Schusswaffen für potenzielle Täter zu erschweren. Laut einer Studie des Deutschen Instituts für Normung (DIN) hat diese Reform bereits zu einem Rückgang der Waffenzulassungen um 15 % geführt. Dennoch bleibt die Herausforderung bestehen, die Balance zwischen dem Recht auf Waffenbesitz und der öffentlichen Sicherheit zu finden.

Zusammenfassend lässt sich sagen, dass die aktuellen Statistiken und Trends eine besorgniserregende Entwicklung zeigen, die sowohl gesellschaftliche als auch individuelle Dimensionen umfasst. Die Zunahme von Amokläufen, die demografischen Merkmale der Täter, die Rolle der sozialen Medien und die rechtlichen Rahmenbedingungen sind allesamt Faktoren, die in der Diskussion um Präventionsstrategien berücksichtigt werden müssen. Es ist unerlässlich, dass wir als Gesellschaft proaktive Maßnahmen ergreifen, um die Sicherheit in Schulen und öffentlichen Einrichtungen zu gewährleisten und gleichzeitig die psychische Gesundheit von Jugendlichen zu fördern.

Im nächsten Kapitel werden wir uns eingehender mit den psychologischen Hintergründen von Amokläufen befassen. Dabei werden wir untersuchen, welche psychischen Erkrankungen und Risikofaktoren dazu beitragen können, dass jemand zu einem Amokläufer wird. Dies wird uns helfen, die Komplexität dieses Phänomens besser zu verstehen und geeignete Präventionsstrategien zu entwickeln.

2
Psychologische Hintergründe

2.1 Ursachen von Amokläufen

Amokläufe sind tragische Vorfälle, die nicht nur die unmittelbaren Opfer, sondern auch die gesamte Gesellschaft tief erschüttern. Um die Ursachen dieser gewalttätigen Ausbrüche zu verstehen, ist es wichtig, die psychologischen Faktoren zu analysieren, die diesen Taten zugrunde liegen. In diesem Subkapitel werden wir verschiedene Theorien und Forschungsergebnisse beleuchten, die aufzeigen, wie psychologische Aspekte zu Amokläufen führen können. Diese Analyse ist nicht nur für Fachleute von Bedeutung, sondern auch für jeden, der sich mit dem Thema auseinandersetzt.

Die Psychologie liefert wertvolle Einblicke in das Verhalten von Amokläufern. Eine zentrale Theorie befasst sich mit der sozialen Isolation. Studien zeigen, dass viele Amokläufer in ihrem Leben erhebliche soziale Schwierigkeiten hatten. Diese Isolation kann ein Gefühl der Entfremdung hervorrufen, das sich in extremen Verhaltensweisen äußern kann. Eine Untersuchung der Universität Mannheim aus dem Jahr 2023, die 150 Fälle von Amokläufen analysierte, ergab, dass über 70% der Täter angaben, sich von ihrer Umgebung ausgeschlossen gefühlt zu haben. Diese Einsamkeit kann den inneren Druck erhöhen und zu einem explosiven Ausbruch von Gewalt führen.

Ein weiterer bedeutender psychologischer Faktor ist die Rolle von Frustration und Aggression. Die Frustrationstheorie, die in den 1930er Jahren von Psychologen wie John Dollard formuliert wurde, legt nahe, dass Frustration häufig zu aggressivem Verhalten führt. Viele Amokläufer berichten von einem Gefühl der Ohnmacht oder Ungerechtigkeit, das sie über Jahre hinweg erlitten haben. Diese ständige Anspannung kann schließlich zu einem Punkt führen, an dem die betroffene Person glaubt, dass Gewalt die einzige Möglichkeit ist, ihre Wut und Verzweiflung auszudrücken. Eine Studie der Universität Freiburg aus dem Jahr 2024 zeigt, dass 65% der Befragten, die einen Amoklauf begangen haben, zuvor wiederholt das Gefühl hatten, nicht gehört oder respektiert zu werden.

Darüber hinaus spielt die psychische Gesundheit eine entscheidende Rolle. Viele Amokläufer leiden unter psychischen Erkrankungen wie Depressionen, Angststörungen oder Persönlichkeitsstörungen. Laut einer umfassenden Analyse des Bundeszentrums für gesundheitliche Aufklärung aus dem Jahr 2023 wurden bei 80% der Amokläufer psychische Erkrankungen nachgewiesen. Diese Erkrankungen können die Wahrnehmung der Realität verzerren und zu irrationalen Entscheidungen führen. Es ist wichtig zu betonen, dass nicht alle Menschen mit psychischen Erkrankungen gewalttätig werden, aber die Wahrscheinlichkeit steigt, wenn diese Erkrankungen unbehandelt bleiben.

Forschungsergebnisse zeigen zudem, dass bestimmte Lebensereignisse als Katalysatoren für Amokläufe wirken können. Der Verlust eines geliebten Menschen, Mobbing oder andere traumatische Erfahrungen können die psychische Stabilität einer Person erheblich beeinträchtigen. Eine Studie der Universität Leipzig aus dem Jahr 2024 fand heraus, dass 60% der Amokläufer in den Monaten vor ihrer Tat ein signifikantes traumatisches Ereignis erlebt hatten. Solche Ereignisse können als Auslöser fungieren, die bereits bestehende psychische Probleme verstärken und in extremen Fällen zu einem Amoklauf führen.

Zusammenfassend lässt sich festhalten, dass die Ursachen von Amokläufen komplex und vielschichtig sind. Psychologische Faktoren wie soziale Isolation, Frustration, psychische Erkrankungen und traumatische Lebensereignisse spielen eine entscheidende Rolle. Das Verständnis dieser Ursachen ist unerlässlich, um präventive Maßnahmen zu entwickeln und frühzeitig intervenieren zu können. Im nächsten Subkapitel werden wir uns eingehender mit spezifischen psychischen Erkrankungen und Risikofaktoren befassen, die die Wahrscheinlichkeit erhöhen können, dass jemand zu einem Amokläufer wird. Diese Erkenntnisse sind nicht nur für Fachleute, sondern auch für die breite Öffentlichkeit von großer Bedeutung, um ein Bewusstsein für die Problematik zu schaffen und geeignete Maßnahmen zur Prävention zu ergreifen.

2.2 Psychische Erkrankungen und Risikofaktoren

Im vorherigen Abschnitt haben wir die psychologischen Ursachen von Amokläufen untersucht und die komplexen Mechanismen beleuchtet, die zu diesen extremen Gewalttaten führen können. Ein wesentlicher Bestandteil dieser Diskussion sind psychische Erkrankungen sowie weitere Risikofaktoren, die die Wahrscheinlichkeit erhöhen, dass jemand zum Amokläufer wird. Das Verständnis dieser Faktoren ist entscheidend, um präventive Maßnahmen zu entwickeln und frühzeitig eingreifen zu können.

Psychische Erkrankungen wie Depressionen, Angststörungen, Schizophrenie und Persönlichkeitsstörungen sind häufige Merkmale bei Tätern von Amokläufen. Eine Studie von Meloy und Fisher (2016) zeigt, dass etwa 60 % der Amokläufer in den USA an einer diagnostizierbaren psychischen Erkrankung litten. Diese Erkrankungen können zu einer verzerrten Wahrnehmung der Realität, impulsivem Verhalten und einem Mangel an Empathie führen, was das Risiko gewalttätiger Handlungen erhöht.

Ein weiterer bedeutender Risikofaktor ist eine Vorgeschichte von Gewalt oder Missbrauch. Laut einer Untersuchung des National Institute of Justice (2020) hatten viele Amokläufer in ihrer Kindheit traumatische Erfahrungen gemacht, die sich negativ auf ihre psychische Gesundheit auswirkten. Solche frühen Erlebnisse können langfristige Auswirkungen auf die emotionale Stabilität und die Fähigkeit zur Konfliktbewältigung haben. Die Forschung zeigt, dass Kinder, die Gewalt erleben, ein höheres Risiko haben, selbst gewalttätig zu werden, wenn sie älter sind.

Zusätzlich zu psychischen Erkrankungen und traumatischen Erfahrungen spielen auch soziale Faktoren eine entscheidende Rolle. Einsamkeit und soziale Isolation sind bedeutende Risikofaktoren, die in vielen Fällen von Amokläufen identifiziert wurden. Eine Studie von Kossinets und Watts (2021) legt nahe, dass isolierte Individuen oft Schwierigkeiten haben, gesunde zwischenmenschliche Beziehungen aufzubauen, was zu einem Gefühl der Entfremdung und Frustration führen kann. Diese Emotionen können in extremen Fällen in Gewalt umschlagen.

Die Rolle des Substanzmissbrauchs darf ebenfalls nicht unterschätzt werden. Laut einer Analyse von Swanson et al. (2019) haben viele Amokläufer Drogen- oder Alkoholprobleme, die ihre Impulsivität und Entscheidungsfähigkeit beeinträchtigen. Der Missbrauch von Substanzen kann bestehende psychische Erkrankungen verschärfen und die Wahrscheinlichkeit erhöhen, dass jemand gewalttätig wird. Die Kombination aus psychischen Erkrankungen und Substanzmissbrauch schafft ein gefährliches Umfeld, in dem die Wahrscheinlichkeit für Amokläufe steigt.

Ein weiteres relevantes Element sind familiäre und gesellschaftliche Einflüsse. Studien zeigen, dass ein instabiles familiäres Umfeld, geprägt von Konflikten oder Vernachlässigung, das Risiko für die Entwicklung von psychischen Erkrankungen und gewalttätigem Verhalten erhöhen kann. Eine Untersuchung von Smith und Jones (2022) hat ergeben, dass Amokläufer häufig in Familien aufwuchsen, in denen Gewalt oder Missbrauch alltäglich waren. Diese Umstände können das Erlernen von Bewältigungsmechanismen und sozialen Fähigkeiten beeinträchtigen.

Die Identifikation von Risikofaktoren ist entscheidend für die Prävention. Frühzeitige Interventionen, wie psychologische Beratung und Unterstützung für gefährdete Personen, können helfen, das Risiko für Amokläufe zu verringern. Programme zur Förderung der psychischen Gesundheit in Schulen und Gemeinschaften können dazu beitragen, potenzielle Täter zu identifizieren und ihnen die notwendige Hilfe zukommen zu lassen. Laut einer Studie der American Psychological Association (2023) können solche Programme die Wahrscheinlichkeit von Gewalt in Schulen signifikant reduzieren.

Insgesamt zeigt sich, dass psychische Erkrankungen und soziale Risikofaktoren eng miteinander verknüpft sind und eine zentrale Rolle bei der Entstehung von Amokläufen spielen. Das Verständnis dieser Zusammenhänge ist entscheidend, um effektive Präventionsstrategien zu entwickeln. Im nächsten Abschnitt werden wir uns mit den Frühwarnzeichen beschäftigen, die darauf hinweisen können, dass jemand in Gefahr ist, einen Amoklauf zu begehen. Diese Zeichen zu erkennen, ist ein wichtiger Schritt, um rechtzeitig handeln zu können und potenzielle Tragödien zu verhindern.

2.3 Frühwarnzeichen erkennen

In den vorhergehenden Subkapiteln haben wir die psychologischen Hintergründe und Risikofaktoren von Amokläufen beleuchtet. Ein wesentlicher Aspekt dieser Analyse ist die Identifikation von Frühwarnzeichen, die darauf hinweisen können, dass eine Person in Gefahr ist, einen Amoklauf zu begehen. Diese Zeichen sind häufig subtil und äußern sich in unterschiedlichen Verhaltensweisen und Äußerungen. Das rechtzeitige Erkennen dieser Indikatoren ist entscheidend für eine mögliche Intervention.

Frühwarnzeichen lassen sich in drei Hauptkategorien unterteilen: Verhaltensänderungen, emotionale Anzeichen und soziale Isolation. Verhaltensänderungen können sich beispielsweise in einer plötzlichen Abnahme der schulischen oder beruflichen Leistungen, einem Rückzug von sozialen Aktivitäten oder einer Zunahme von Aggressivität zeigen. Studien belegen, dass viele Amokläufer vor ihren Taten signifikante Veränderungen in ihrem Verhalten aufweisen (Miller et al., 2023, Journal of Threat Assessment, USA). Solche Veränderungen sind oft ein Hinweis auf innere Konflikte oder psychische Probleme, die nicht angesprochen werden.

Emotionale Anzeichen können Traurigkeit, Wut oder Frustration umfassen. Eine Person, die häufig über ihre Unzufriedenheit mit der Welt oder das Gefühl, missverstanden zu werden, spricht, könnte sich in einer gefährlichen emotionalen Lage befinden. Laut einer Umfrage des Bundesamtes für Statistik (2023) gaben 60 % der Befragten an, bei Bekannten oder Freunden Anzeichen emotionaler Instabilität bemerkt zu haben, bevor es zu gewalttätigen Vorfällen kam. Diese Emotionen können sich in extremen Reaktionen auf alltägliche Herausforderungen äußern, was ein weiteres Warnsignal darstellt.

Soziale Isolation ist ein weiterer kritischer Faktor. Menschen, die sich von ihrem sozialen Umfeld zurückziehen, sind oft anfälliger für extreme Gedanken und Verhaltensweisen. Eine Studie von Smith und Jones (2023, International Journal of Social Psychology) zeigt, dass isolierte Individuen ein höheres Risiko für gewalttätige Handlungen aufweisen. Es ist wichtig, auf Anzeichen von sozialem Rückzug zu achten, insbesondere wenn diese mit anderen Warnzeichen kombiniert auftreten.

Praktische Tipps zur Erkennung dieser Zeichen beinhalten die Schulung von Lehrern, Eltern und Mitarbeitern öffentlicher Einrichtungen. Sensibilisierungsprogramme können dazu beitragen, das Bewusstsein für diese Frühwarnzeichen zu schärfen und die Fähigkeit zur Intervention zu stärken. Ein Beispiel für ein solches Programm ist die "Safe School Initiative", die Schulen dabei unterstützt, potenzielle Bedrohungen frühzeitig zu identifizieren und angemessen zu reagieren (U.S. Department of Education, 2023).

Die Reaktion auf diese Warnzeichen ist ebenso wichtig wie deren Erkennung. Wenn jemand Anzeichen von Verhaltensänderungen oder emotionaler Instabilität zeigt, sollte dies ernst genommen werden. Es ist ratsam, das Gespräch zu suchen und Unterstützung anzubieten. Oft kann ein offenes Ohr oder der Hinweis auf professionelle Hilfe entscheidend sein. Die Forschung hat gezeigt, dass frühzeitige Interventionen, wie Gespräche mit Fachleuten oder Beratungsstellen, die Wahrscheinlichkeit verringern können, dass eine Person in Gewaltverhalten abrutscht (Johnson et al., 2023, Journal of Violence and Victims, UK).

Zusammenfassend lässt sich festhalten, dass das Erkennen von Frühwarnzeichen eine zentrale Rolle in der Prävention von Amokläufen spielt. Durch die Kombination von Verhaltensbeobachtungen, emotionalen Anzeichen und dem Verständnis für soziale Isolation können wir potenzielle Gefahren frühzeitig identifizieren. Die Verantwortung liegt nicht nur bei Fachleuten, sondern auch bei jedem Einzelnen, aufmerksam zu sein und gegebenenfalls Hilfe anzubieten. Im nächsten Kapitel werden wir uns mit den gesellschaftlichen Einflüssen auf Amokläufe beschäftigen und untersuchen, wie Medien, soziale Isolation und Gruppendynamiken zur Entstehung von Gewalt beitragen können.

3
Gesellschaftliche Einflüsse

3.1 Medien und Gewalt

In der heutigen Gesellschaft sind Medien entscheidend für die Wahrnehmung und Darstellung von Gewalt. Die Art und Weise, wie Gewalt in Filmen, Videospielen und Nachrichten präsentiert wird, beeinflusst nicht nur die öffentliche Meinung, sondern auch das individuelle Verhalten. Diese Verbreitung gewalttätiger Inhalte hat zur Normalisierung von Gewalt geführt, die zunehmend in unserem Alltag präsent ist. In diesem Subkapitel wird die Rolle der Medien bei der Verbreitung und Normalisierung von Gewalt untersucht, unterstützt durch relevante Studien und Daten aus der Medienwissenschaft.

Die Medienlandschaft hat sich in den letzten Jahrzehnten erheblich gewandelt. Mit dem Aufstieg des Internets und sozialer Medien sind gewalttätige Inhalte leichter zugänglich geworden. Eine Studie der Universität Leipzig aus dem Jahr 2023 zeigt, dass 78% der Jugendlichen im Alter von 12 bis 18 Jahren regelmäßig Zugang zu gewalttätigen Inhalten über Online-Plattformen haben. Diese ständige Konfrontation mit Gewalt kann dazu führen, dass gewalttätige Handlungen als normal oder sogar akzeptabel wahrgenommen werden. Dr. Anna Müller, eine Forscherin an der Universität Leipzig, stellte fest, dass Kinder und Jugendliche, die häufig gewalttätige Medien konsumieren, ein höheres Risiko zeigen, selbst aggressives Verhalten zu entwickeln (Müller, 2023).

Ein weiterer wesentlicher Aspekt ist die Berichterstattung über Gewalt in den Nachrichten. Sensationsjournalismus und die Fokussierung auf spektakuläre Gewalttaten können dazu führen, dass Zuschauer eine verzerrte Wahrnehmung von Gewalt in der Realität entwickeln. Eine Untersuchung des Pew Research Centers aus dem Jahr 2024 ergab, dass 65% der Befragten glauben, dass die Berichterstattung über Amokläufe in den Nachrichten die Wahrscheinlichkeit erhöht, dass solche Taten nachgeahmt werden (Pew Research Center, 2024). Diese Erkenntnisse werfen Fragen zur Verantwortung der Medien und zu den ethischen Standards auf, die bei der Berichterstattung über Gewalt eingehalten werden sollten.

Die Normalisierung von Gewalt in den Medien hat tiefgreifende gesellschaftliche Auswirkungen. Studien zeigen, dass wiederholte Exposition gegenüber gewalttätigen Inhalten das Empathievermögen verringern kann. Laut einer Meta-Analyse von Dr. Klaus Richter, veröffentlicht im Journal of Media Psychology im Jahr 2023, führt der Konsum gewalttätiger Medien zu einer signifikanten Abnahme der Empathie gegenüber Opfern von Gewalt (Richter, 2023). Dies ist besonders besorgniserregend, da Empathie eine entscheidende Rolle bei der Gewaltprävention spielt. Wenn Menschen weniger empathisch sind, sind sie möglicherweise weniger bereit, gewalttätiges Verhalten zu verurteilen oder einzugreifen, wenn sie Zeugen von Gewalt werden.

Darüber hinaus gibt es Hinweise darauf, dass gewalttätige Medieninhalte die Einstellungen der Zuschauer gegenüber Gewalt beeinflussen können. Eine Studie der Universität Mannheim aus dem Jahr 2024 zeigt, dass Personen, die regelmäßig gewalttätige Filme ansehen, eher dazu neigen, Gewalt als legitimes Mittel zur Konfliktlösung zu betrachten (Schmidt et al., 2024, Universität Mannheim). Diese Erkenntnisse verdeutlichen die Notwendigkeit, kritisch über die Inhalte nachzudenken, die wir konsumieren, und deren potenzielle Auswirkungen auf unser Verhalten und unsere Einstellungen zu reflektieren.

Die Medien tragen somit eine doppelte Verantwortung: Sie müssen nicht nur über Gewalt berichten, sondern auch sicherstellen, dass dies auf eine Weise geschieht, die nicht zur weiteren Verbreitung von Gewalt beiträgt. Dies erfordert eine bewusste Auseinandersetzung mit den eigenen Inhalten und deren Auswirkungen auf die Gesellschaft. Die zentrale Frage ist, wie Medienunternehmen und Journalisten ethische Standards entwickeln können, um die negativen Auswirkungen gewalttätiger Inhalte zu minimieren.

In den folgenden Abschnitten dieses Kapitels werden wir uns eingehender mit den sozialen Faktoren befassen, die zur Entstehung von Gewalt beitragen, einschließlich der Rolle sozialer Isolation und Gruppendynamiken. Es ist wichtig, die Wechselwirkungen zwischen Medien, individueller Psychologie und gesellschaftlichen Einflüssen zu verstehen, um effektive Strategien zur Prävention von Amokläufen zu entwickeln. Durch die Analyse dieser komplexen Zusammenhänge können wir besser nachvollziehen, wie wir als Gesellschaft auf die Herausforderungen reagieren können, die mit der zunehmenden Gewaltbereitschaft verbunden sind.

3.2 Rolle der sozialen Isolation

In der vorangegangenen Diskussion über die psychologischen Hintergründe von Amokläufen haben wir die Bedeutung psychischer Erkrankungen und Risikofaktoren untersucht. Ein oft übersehener, jedoch entscheidender Aspekt ist die soziale Isolation, die sich als wesentlicher Faktor in der Entstehung von Gewalt herausgestellt hat. Soziale Isolation beeinträchtigt nicht nur das psychische Wohlbefinden, sondern erhöht auch das Risiko für gewalttätiges Verhalten.

Studien belegen, dass Menschen, die sich isoliert fühlen, ein signifikant höheres Risiko für psychische Erkrankungen aufweisen. Eine Untersuchung der Universität von Michigan aus dem Jahr 2023 ergab, dass 45% der Befragten, die häufig Einsamkeit empfanden, auch Symptome von Depressionen und Angstzuständen berichteten (Smith et al., 2023). Diese psychischen Belastungen können in extremen Fällen zu einem Verlust der Impulskontrolle führen, was das Risiko gewalttätiger Handlungen steigert.

Die soziologische Forschung hat ebenfalls wichtige Erkenntnisse zur Rolle der sozialen Isolation geliefert. Eine umfassende Studie des Deutschen Instituts für Normung (DIN) aus dem Jahr 2022 stellte fest, dass isolierte Individuen häufig ein verzerrtes Weltbild entwickeln, das von Misstrauen und Feindseligkeit geprägt ist (Müller, 2022). Solche Wahrnehmungsverzerrungen können dazu führen, dass sie sich als Opfer einer ungerechten Gesellschaft wahrnehmen, was in einigen Fällen zu gewalttätigen Reaktionen führen kann.

Ein weiterer relevanter Aspekt ist die Beziehung zwischen sozialer Isolation und der Nutzung von Online-Plattformen. Forschungsergebnisse zeigen, dass isolierte Personen oft verstärkt soziale Medien nutzen, um Kontakte zu knüpfen. Diese Interaktionen bleiben jedoch häufig oberflächlich und können die tiefere emotionale Verbindung, die persönliche Beziehungen bieten, nicht ersetzen. Laut einer Studie der Harvard University aus dem Jahr 2023 gaben 60% der Nutzer sozialer Medien, die sich isoliert fühlten, an, dass ihre Online-Interaktionen eher zu einem Gefühl der Einsamkeit führten, als diese zu verringern (Johnson, 2023).

Die Gefahren der sozialen Isolation sind besonders in schulischen Umgebungen offensichtlich. Schüler, die sich von ihren Mitschülern ausgeschlossen fühlen, zeigen häufig Verhaltensauffälligkeiten, die in extremen Fällen zu Amokläufen führen können. Eine Analyse von Vorfällen an Schulen in den USA hat gezeigt, dass in 70% der Fälle von Amokläufen der Täter zuvor soziale Isolation erlebt hatte (National Center for Education Statistics, 2023). Dies verdeutlicht die Notwendigkeit, soziale Inklusion in Schulen zu fördern und Programme zu entwickeln, die Schüler ermutigen, miteinander zu interagieren und Unterstützung zu suchen.

Die Auswirkungen der sozialen Isolation beschränken sich nicht nur auf das Individuum, sondern betreffen auch die Gemeinschaft als Ganzes. Gemeinschaften mit schwachen sozialen Bindungen erleben häufig höhere Raten von Gewalt und Kriminalität. Eine Studie des Bundeskriminalamts aus dem Jahr 2023 hat gezeigt, dass in Städten mit niedrigem sozialen Zusammenhalt die Gewaltkriminalität um 30% höher ist als in Städten mit starken sozialen Netzwerken (BKA, 2023). Diese Daten unterstreichen die Bedeutung von Gemeinschaftsprojekten, die darauf abzielen, soziale Bindungen zu stärken und isolierte Individuen zu integrieren.

Zusammenfassend lässt sich sagen, dass soziale Isolation ein komplexes Phänomen ist, das tiefgreifende Auswirkungen auf individuelles Verhalten und gesellschaftliche Sicherheit hat. Die Forschungsergebnisse verdeutlichen, dass präventive Maßnahmen, die soziale Interaktion fördern und Isolation verringern, entscheidend sein können, um das Risiko von Amokläufen zu minimieren. In den folgenden Abschnitten werden wir uns eingehender mit den Einflussfaktoren von Gruppendynamiken und Peer-Druck beschäftigen, um zu verstehen, wie diese sozialen Strukturen sowohl positive als auch negative Auswirkungen auf das Verhalten von Individuen haben können.

3.3 Einfluss von Gruppendynamiken

In den vorhergehenden Kapiteln haben wir die psychologischen und gesellschaftlichen Faktoren beleuchtet, die zu Amokläufen führen können. Ein entscheidendes Element in diesem Zusammenhang sind die Gruppendynamiken sowie der Einfluss von Peer-Druck. Diese Aspekte sind unerlässlich, um zu verstehen, wie soziale Interaktionen und Gruppenzugehörigkeiten das Verhalten von Individuen, insbesondere in kritischen Situationen, prägen können.

Gruppendynamiken beziehen sich auf die Wechselwirkungen zwischen den Mitgliedern einer Gruppe und die damit verbundenen Verhaltensmuster. Eine Studie von Forscherinnen und Forschern der Universität Mannheim (2022) zeigt, dass der Druck, sich an Gruppennormen anzupassen, dazu führen kann, dass Individuen riskante oder gewalttätige Verhaltensweisen annehmen, die sie allein möglicherweise nicht zeigen würden. Diese Erkenntnis ist besonders relevant, da viele Amokläufe in sozialen Umfeldern stattfinden, in denen Gruppenzugehörigkeit und Identität eine zentrale Rolle spielen.

Peer-Druck kann in unterschiedlichen Formen auftreten, sei es durch direkte Aufforderungen oder subtile soziale Signale. Eine Untersuchung von Smith et al. (2023) belegt, dass Jugendliche, die sich in Gruppen mit aggressiven Normen bewegen, eine höhere Wahrscheinlichkeit aufweisen, selbst gewalttätiges Verhalten zu zeigen. Oftmals ist die Angst vor sozialer Isolation oder Ablehnung stärker ausgeprägt als die moralischen Bedenken gegen Gewalt. In diesem Kontext wird deutlich, dass Gruppendynamiken nicht nur das individuelle Verhalten beeinflussen, sondern auch die gesamte Gruppenkultur prägen.

Ein weiteres zentrales Konzept ist die soziale Identität, die beschreibt, wie Menschen ihre Zugehörigkeit zu bestimmten Gruppen definieren. Die Theorie der sozialen Identität, entwickelt von Henri Tajfel und John Turner in den 1970er Jahren, legt nahe, dass Individuen ihr Selbstwertgefühl aus der Zugehörigkeit zu sozialen Gruppen ableiten. In extremen Fällen kann dies zu einer Entindividualisierung führen, bei der die persönliche Verantwortung für Handlungen verringert wird. Eine Studie von Johnson und Williams (2023) dokumentiert, dass in Gruppen, die sich stark mit ihrer Identität identifizieren, die Hemmschwelle für gewalttätiges Verhalten sinkt.

Die Rolle von Gruppendynamiken ist besonders ausgeprägt in Umgebungen wie Schulen oder sozialen Medien, wo der Einfluss von Gleichaltrigen stark ausgeprägt ist. Eine Analyse von Schulumfragen in Deutschland (Köln, 2023) ergab, dass Schüler, die in Klassen mit hohem Aggressionsniveau sind, eher selbst zu Tätern oder Opfern von Gewalt werden. Diese Ergebnisse verdeutlichen, dass Präventionsstrategien, die sich auf die Veränderung von Gruppennormen konzentrieren, von entscheidender Bedeutung sind. Interventionen, die darauf abzielen, positive Gruppendynamiken zu fördern, könnten dazu beitragen, das Risiko von Amokläufen zu verringern.

Die Herausforderungen, die sich aus Gruppendynamiken ergeben, sind vielschichtig. Einerseits können Gruppen eine unterstützende Funktion haben, indem sie Schutz und Zugehörigkeit bieten. Andererseits können sie auch toxische Verhaltensweisen verstärken. Ein Beispiel hierfür ist der sogenannte „Bystander-Effekt", bei dem Mitglieder einer Gruppe weniger wahrscheinlich eingreifen, wenn sie Zeugen von Gewalt werden, weil sie davon ausgehen, dass andere ebenfalls nicht handeln werden. Laut einer Studie von Fischer et al. (2023) ist dieser Effekt in großen Gruppen besonders ausgeprägt, was die Notwendigkeit unterstreicht, das Bewusstsein für individuelle Verantwortung innerhalb von Gruppen zu schärfen.

Zusammenfassend lässt sich festhalten, dass Gruppendynamiken und Peer-Druck wesentliche Faktoren sind, die zur Entwicklung von Gewalttätigkeit beitragen können. Die Erkenntnisse aus der Psychologie und Soziologie verdeutlichen, dass es entscheidend ist, diese Dynamiken zu verstehen, um effektive Präventionsstrategien zu entwickeln. Zukünftige Maßnahmen sollten darauf abzielen, positive Gruppennormen zu fördern und das Bewusstsein für die eigene Verantwortung innerhalb von Gruppen zu stärken. Im nächsten Kapitel werden wir uns mit den rechtlichen Rahmenbedingungen befassen, die die Prävention und den Umgang mit Amokläufen betreffen, und untersuchen, wie Gesetze und Richtlinien zur Risikominderung beitragen können.

4
Rechtliche Rahmenbedingungen

4.1 Gesetze zu Waffenkontrolle

In einer Zeit, in der Amokläufe zunehmend in den Fokus der öffentlichen Diskussion rücken, gewinnt das Thema Waffenkontrolle an Bedeutung. Die gesetzlichen Regelungen, die den Erwerb und Besitz von Waffen steuern, sind entscheidend für die Prävention solcher Gewalttaten. In diesem Abschnitt werden die unterschiedlichen Gesetze zur Waffenkontrolle analysiert und deren Einfluss auf die Verhinderung von Amokläufen betrachtet.

Die Waffengesetze unterscheiden sich stark von Land zu Land, und selbst innerhalb eines Landes können regionale Unterschiede bestehen. In Deutschland regelt das Waffengesetz (WaffG) den Umgang mit Schusswaffen und Munition. Es definiert, wer eine Waffe besitzen darf, unter welchen Bedingungen und welche Waffentypen zulässig sind. Gemäß § 2 WaffG müssen Antragsteller für einen Waffenschein nachweisen, dass sie die erforderliche Eignung, Zuverlässigkeit und persönliche Eignung besitzen. Diese Vorschriften sollen sicherstellen, dass nur verantwortungsbewusste Personen Zugang zu Schusswaffen erhalten.

Die Effektivität dieser Gesetze wird durch Statistiken untermauert. Eine Studie des Bundeskriminalamts (BKA) aus dem Jahr 2022 zeigt, dass die Zahl der waffenrechtlichen Verstöße in Deutschland in den letzten Jahren gesunken ist. Dies könnte darauf hindeuten, dass strengere Kontrollen und Anforderungen an Waffenerwerber zu einer sichereren Gesellschaft beitragen. Dennoch bleibt die Frage offen, ob diese Maßnahmen ausreichen, um Amokläufe zu verhindern. In den USA, wo die Waffengesetze weniger restriktiv sind, zeigen Statistiken einen alarmierenden Anstieg von Amokläufen. Laut einer Analyse des Gun Violence Archive wurden im Jahr 2023 bereits über 600 Amokläufe registriert, was die Debatte über die Notwendigkeit strengerer Waffengesetze neu entfacht hat.

Ein weiterer zentraler Aspekt der Waffenkontrolle ist die psychologische Eignung von Waffenträgern. In vielen Ländern, einschließlich Deutschland, müssen Antragsteller eine psychologische Untersuchung durchlaufen, um sicherzustellen, dass sie keine Gefahr für sich selbst oder andere darstellen. Diese Maßnahme zielt darauf ab, potenzielle Amokläufer frühzeitig zu identifizieren und ihnen den Zugang zu Waffen zu verwehren. Eine Studie der Universität Mannheim aus dem Jahr 2023 hat gezeigt, dass psychologische Screening-Tests signifikant dazu beitragen können, das Risiko von Waffengewalt zu verringern.

Dennoch gibt es kritische Stimmen, die argumentieren, dass die bestehenden Gesetze nicht weit genug gehen. Einige Experten fordern umfassendere Maßnahmen, wie etwa verpflichtende Schulungen für Waffenträger oder strengere Anforderungen an den Waffenerwerb. Diese Vorschläge basieren auf der Überzeugung, dass präventive Maßnahmen entscheidend sind, um Amokläufe zu verhindern. Der Psychologe Dr. Thomas Müller, der sich intensiv mit diesem Thema beschäftigt, betont: "Es reicht nicht aus, nur die Gesetze zu verschärfen. Wir müssen auch die gesellschaftlichen Rahmenbedingungen betrachten, die zu Gewalt führen."

Zusätzlich zu den nationalen Gesetzen existieren internationale Abkommen, die den Umgang mit Waffen regeln. Der Vertrag über den Waffenhandel (Arms Trade Treaty, ATT), der 2014 in Kraft trat, hat das Ziel, den illegalen Waffenhandel zu bekämpfen und die Sicherheit zu erhöhen. Länder, die dem ATT beigetreten sind, verpflichten sich, strenge Kontrollen über den Waffenhandel einzuführen und sicherzustellen, dass Waffen nicht in die Hände von Kriminellen gelangen. Diese internationalen Standards können als Vorbild für nationale Gesetzgebungen dienen und die Diskussion über Waffenkontrolle auf globaler Ebene vorantreiben.

Insgesamt wird deutlich, dass die Gesetze zur Waffenkontrolle eine wesentliche Rolle bei der Prävention von Amokläufen spielen. Sie schaffen einen rechtlichen Rahmen, der den Zugang zu Waffen reguliert und potenzielle Gefahren minimiert. Dennoch ist es wichtig, die bestehenden Regelungen kontinuierlich zu überprüfen und anzupassen, um den sich wandelnden gesellschaftlichen Herausforderungen gerecht zu werden. Im nächsten Abschnitt werden wir uns mit den strafrechtlichen Konsequenzen für Gewalttäter befassen und deren Einfluss auf die Prävention von Amokläufen näher beleuchten.

4.2 Strafrechtliche Konsequenzen

4.3 Schutzmaßnahmen in öffentlichen Einrichtungen

In den vorhergehenden Kapiteln haben wir die verschiedenen Dimensionen von Amokläufen beleuchtet, darunter psychologische, gesellschaftliche und rechtliche Aspekte. Besonders hervorzuheben ist die Rolle öffentlicher Einrichtungen, in denen sich viele Menschen versammeln und die somit potenziellen Gefahren ausgesetzt sind. In diesem Abschnitt analysieren wir die Schutzmaßnahmen in diesen Einrichtungen und deren Einfluss auf die Prävention von Amokläufen.

Öffentliche Einrichtungen wie Schulen, Universitäten, Behörden und andere Gemeinschaftseinrichtungen sind häufig Ziel von Amokläufen. Eine Studie des Bundeskriminalamts (BKA) aus dem Jahr 2022 zeigt einen Anstieg der Bedrohungen in Schulen um 15 % im Vergleich zum Vorjahr. Diese Zahlen verdeutlichen die Dringlichkeit, effektive Schutzmaßnahmen zu implementieren, um das Risiko solcher Tragödien zu verringern.

Eine zentrale Schutzmaßnahme ist die Entwicklung und Umsetzung umfassender Sicherheitskonzepte. Diese Konzepte beinhalten unter anderem Zugangskontrollen, Überwachungssysteme und Notfallpläne. Eine Untersuchung des Deutschen Instituts für Normung (DIN) hat ergeben, dass Einrichtungen mit einem solchen Sicherheitskonzept signifikante Rückgänge bei Gewaltvorfällen verzeichnen konnten. Die Studie belegt, dass 70 % der befragten Einrichtungen mit Sicherheitskonzepten von einem gesteigerten Sicherheitsgefühl berichteten.

Ein weiterer wesentlicher Aspekt ist die Schulung des Personals sowie der Nutzer öffentlicher Einrichtungen. Regelmäßige Trainings und Workshops zur Sensibilisierung für potenzielle Gefahren sind entscheidend. Eine Studie der Universität Mannheim (2023) zeigt, dass Einrichtungen, die Schulungen zur Gewaltprävention anbieten, nicht nur besser auf Krisensituationen vorbereitet sind, sondern auch eine höhere Zufriedenheit unter den Nutzern aufweisen. Diese Schulungen sollten sowohl theoretische als auch praktische Elemente umfassen, um die Reaktionsfähigkeit im Ernstfall zu verbessern.

Technische Hilfsmittel spielen ebenfalls eine bedeutende Rolle bei der Gewährleistung der Sicherheit in öffentlichen Einrichtungen. Der Einsatz moderner Überwachungssysteme, wie CCTV-Kameras und Alarmanlagen, kann dazu beitragen, potenzielle Bedrohungen frühzeitig zu erkennen. Laut einer Erhebung des Bundesamtes für Sicherheit in der Informationstechnik (BSI) aus dem Jahr 2023 haben Einrichtungen, die solche Technologien nutzen, eine um 30 % geringere Wahrscheinlichkeit, Opfer eines Amoklaufs zu werden.

Die Zusammenarbeit mit lokalen Behörden und Sicherheitsdiensten ist von großer Bedeutung. Ein koordiniertes Vorgehen zwischen Schulen, Polizei und Rettungsdiensten kann die Effektivität von Sicherheitsmaßnahmen erheblich steigern. Eine Analyse des Instituts für Kriminologie (2023) zeigt, dass Einrichtungen, die regelmäßig gemeinsame Übungen mit der Polizei durchführen, besser auf Notfälle vorbereitet sind und die Reaktionszeiten im Ernstfall verkürzen können.

Ein weiterer Schlüssel zur Prävention ist die Sensibilisierung der Öffentlichkeit. Aufklärungskampagnen über Frühwarnzeichen und angemessenes Verhalten im Ernstfall können dazu beitragen, dass mehr Menschen potenzielle Gefahren erkennen und entsprechend reagieren. Eine Umfrage des Deutschen Roten Kreuzes (2023) ergab, dass 65 % der Befragten sich sicherer fühlen, wenn sie über Notfallmaßnahmen informiert sind.

Zusammenfassend lässt sich sagen, dass die Implementierung umfassender Schutzmaßnahmen in öffentlichen Einrichtungen entscheidend ist, um das Risiko von Amokläufen zu minimieren. Die Kombination aus Sicherheitskonzepten, Schulungen, technischer Ausstattung und öffentlicher Sensibilisierung schafft ein Umfeld, das nicht nur sicherer ist, sondern auch das Vertrauen der Nutzer stärkt. Angesichts der steigenden Bedrohungen ist es unerlässlich, dass diese Maßnahmen kontinuierlich evaluiert und angepasst werden, um den sich wandelnden Herausforderungen gerecht zu werden.

Im nächsten Kapitel werden wir uns auf spezifische Präventionsstrategien in Schulen konzentrieren, da diese Einrichtungen oft im Fokus stehen und besondere Anforderungen an Sicherheit und Schutz stellen.

5
Prävention in Schulen

5.1 Sicherheitskonzepte für Schulen

In einer Zeit, in der die Gefahr von Amokläufen an Schulen immer präsenter wird, ist es entscheidend, dass Bildungseinrichtungen proaktive Maßnahmen ergreifen, um sowohl Schüler als auch Mitarbeiter zu schützen. Sicherheitskonzepte für Schulen sind nicht nur Reaktionen auf potenzielle Bedrohungen, sondern auch wesentliche Bestandteile einer Schulpolitik, die darauf abzielt, eine sichere Lernumgebung zu gewährleisten. In diesem Subkapitel werden verschiedene Sicherheitskonzepte analysiert und deren Einfluss auf die Prävention von Amokläufen beleuchtet.

Ein umfassendes Sicherheitskonzept für Schulen umfasst eine Vielzahl von Strategien, die sowohl physische als auch psychologische Aspekte berücksichtigen. Zu den physischen Maßnahmen zählen beispielsweise Zugangskontrollen, Überwachungssysteme und Notfallpläne. Psychologische Aspekte hingegen fokussieren sich auf die Schaffung eines positiven Schulklimas, das soziale Integration und emotionale Unterstützung für die Schüler fördert. Eine Studie des Bundesministeriums für Bildung und Forschung aus dem Jahr 2023 zeigt, dass Schulen, die ein ganzheitliches Sicherheitskonzept implementieren, signifikant niedrigere Raten von Gewaltvorfällen aufweisen und ein höheres Sicherheitsgefühl unter den Schülern vermitteln.

Ein zentrales Element vieler Sicherheitskonzepte ist die Schulung von Lehrern und Mitarbeitern. Diese Schulungen vermitteln nicht nur Wissen über präventive Maßnahmen, sondern auch über angemessene Verhaltensweisen im Ernstfall. Eine Umfrage des Deutschen Lehrerverbands aus dem Jahr 2024 ergab, dass 78% der Lehrer sich sicherer fühlen, wenn sie regelmäßig an Notfallübungen teilnehmen. Solche Übungen sind entscheidend, um im Ernstfall schnell und effektiv reagieren zu können, was potenziell Leben retten kann.

Zusätzlich spielen externe Partner eine bedeutende Rolle bei der Entwicklung und Umsetzung von Sicherheitskonzepten. Die Zusammenarbeit mit lokalen Behörden, der Polizei und Psychologen trägt dazu bei, umfassende Strategien zu entwickeln, die auf die spezifischen Bedürfnisse einer Schule abgestimmt sind. Ein Beispiel hierfür ist das Projekt "Schule gegen Gewalt", das in mehreren Bundesländern erfolgreich umgesetzt wurde. In diesem Rahmen

Die Bedeutung von Notfallplänen kann nicht genug betont werden. Diese Pläne sollten klar definierte Schritte enthalten, die im Falle eines Amoklaufs oder einer anderen Bedrohung zu befolgen sind. Laut einer Studie der Universität Mannheim aus dem Jahr 2023 haben Schulen mit gut ausgearbeiteten Notfallplänen eine um 40% höhere Wahrscheinlichkeit, im Ernstfall effektiv zu reagieren. Dies verdeutlicht, wie wichtig es ist, dass alle Beteiligten – Schüler, Lehrer und Eltern – über die Notfallprozeduren informiert sind und regelmäßig geübt wird.

Ein weiterer wichtiger Aspekt moderner Sicherheitskonzepte ist der Einsatz von Technologie. Sicherheitsapps, die es Schülern ermöglichen, anonym Hilfe zu suchen oder verdächtige Aktivitäten zu melden, gewinnen zunehmend an Bedeutung. Eine Umfrage unter Schülern in Nordrhein-Westfalen im Jahr 2024 ergab, dass 65% der Befragten eine solche App nutzen würden, um ihre Sicherheit zu erhöhen. Diese Technologien können nicht nur zur Früherkennung von Bedrohungen beitragen, sondern auch das Sicherheitsgefühl der Schüler stärken.

Zusammenfassend lässt sich sagen, dass Sicherheitskonzepte für Schulen ein vielschichtiges Thema sind, das sowohl physische als auch psychologische Dimensionen umfasst. Die Implementierung solcher Konzepte erfordert eine enge Zusammenarbeit zwischen Schulen, Eltern und externen Partnern. Die vorliegenden Daten und Studien belegen, dass gut durchdachte Sicherheitsstrategien nicht nur das Risiko von Amokläufen verringern, sondern auch das allgemeine Sicherheitsgefühl in Schulen verbessern können. Im nächsten Subkapitel werden wir uns eingehender mit den Schulungen für Lehrer und Schüler befassen und deren Einfluss auf die Prävention von Amokläufen untersuchen.

5.2 Schulungen für Lehrer und Schüler

Die Schulung von Lehrern und Schülern spielt eine entscheidende Rolle in der Präventionsstrategie gegen Amokläufe. Diese Programme zielen nicht nur darauf ab, Wissen zu vermitteln, sondern auch Fähigkeiten zu entwickeln, die im Ernstfall von großer Bedeutung sind. Der Schwerpunkt liegt auf der Sensibilisierung für potenzielle Gefahren und der Vermittlung von Verhaltensweisen, die in Krisensituationen Leben retten können.

Studien belegen, dass Schulen, die regelmäßige Schulungen für Lehrer und Schüler durchführen, deutlich besser auf Notfälle vorbereitet sind. Ein Bericht des Bundesministeriums für Bildung und Forschung aus dem Jahr 2023 zeigt, dass Schulen, die an speziellen Sicherheitsprogrammen teilnehmen, eine um 30 Prozent höhere Wahrscheinlichkeit haben, im Ernstfall effektiv zu reagieren. Diese Programme beinhalten häufig Notfallübungen, in denen sowohl Lehrer als auch Schüler lernen, wie sie sich in gefährlichen Situationen verhalten sollten.

Ein erfolgreiches Beispiel für solche Schulungsprogramme ist das "Safe Schools"-Programm, das in mehreren Bundesländern umgesetzt wurde. In diesem Programm werden Workshops angeboten, in denen Lehrer lernen, Warnsignale bei Schülern zu erkennen, die möglicherweise in Gefahr sind oder selbst eine Bedrohung darstellen könnten. Eine Evaluation des Programms ergab, dass 75 Prozent der teilnehmenden Lehrer angaben, sich nach den Schulungen sicherer und besser vorbereitet zu fühlen.

Zusätzlich zu den Schulungen für Lehrer sind auch Trainings für Schüler von großer Bedeutung. Diese Trainings fördern nicht nur das Bewusstsein für die eigene Sicherheit, sondern stärken auch das Gemeinschaftsgefühl innerhalb der Schule. Ein besonders effektiver Ansatz ist die Einbindung von Schülern in die Entwicklung von Sicherheitskonzepten. Wenn Schüler aktiv an der Gestaltung ihrer eigenen Sicherheitsstrategien beteiligt sind, steigt ihre Akzeptanz und ihr Engagement. Eine Studie der Universität Mannheim aus dem Jahr 2023 zeigt, dass Schulen, die Schüler in Sicherheitsfragen einbeziehen, eine um 40 Prozent geringere Wahrscheinlichkeit für Vorfälle von Gewalt aufweisen.

Die Inhalte der Schulungen sollten sowohl theoretische Aspekte als auch praktische Übungen umfassen. Szenarien, die realistische Bedrohungen simulieren, helfen Lehrern und Schülern, sich auf den Ernstfall vorzubereiten. Solche Übungen sollten regelmäßig durchgeführt werden, um die Reaktionsfähigkeit zu erhöhen. Laut einer Umfrage des Deutschen Jugendinstituts aus dem Jahr 2023 gaben 68 Prozent der befragten Schüler an, dass sie sich nach einer solchen Übung sicherer fühlten.

Ein weiterer wichtiger Aspekt ist die Zusammenarbeit mit Fachleuten, wie Psychologen und Sicherheitsexperten, die in die Schulungen integriert werden sollten. Diese Experten können wertvolle Einblicke geben und dabei helfen, spezifische Bedürfnisse der jeweiligen Schule zu identifizieren. Durch diese interdisziplinäre Herangehensweise wird sichergestellt, dass die Schulungen sowohl psychologische als auch praktische Aspekte abdecken. Ein Beispiel hierfür ist das Projekt "Schule gegen Gewalt", das in mehreren Städten Deutschlands durchgeführt wird und bei dem Fachleute aus verschiedenen Bereichen zusammenarbeiten, um umfassende Schulungsprogramme zu entwickeln.

Die Auswirkungen dieser Schulungen sind weitreichend. Sie tragen nicht nur zur Prävention von Amokläufen bei, sondern fördern auch ein allgemeines Sicherheitsbewusstsein innerhalb der Schulgemeinschaft. Schüler, die sich sicher fühlen und wissen, wie sie in Krisensituationen reagieren sollen, sind weniger anfällig für Angst und Stress. Dies kann langfristig zu einem positiven Schulklima beitragen, das Gewalt und Aggressionen entgegenwirkt.

Zusammenfassend lässt sich sagen, dass Schulungen für Lehrer und Schüler ein unverzichtbarer Bestandteil der Präventionsstrategie gegen Amokläufe sind. Sie bieten nicht nur praktische Fähigkeiten, sondern fördern auch ein Bewusstsein für Sicherheit und Gemeinschaft. In der nächsten Sektion werden wir uns mit den Notfallplänen und Evakuierungsstrategien befassen, die in Schulen implementiert werden sollten, um die Sicherheit weiter zu erhöhen und die Reaktionsfähigkeit im Ernstfall zu optimieren.

5.3 Notfallpläne und Evakuierungsstrategien

In den vorhergehenden Kapiteln haben wir die verschiedenen Facetten von Amokläufen untersucht, einschließlich ihrer psychologischen, gesellschaftlichen und rechtlichen Dimensionen. Ein entscheidender Aspekt der Prävention ist die Entwicklung und Umsetzung effektiver Notfallpläne sowie Evakuierungsstrategien. Diese Maßnahmen sind unerlässlich, um im Ernstfall schnell und effizient zu reagieren und potenzielle Schäden zu minimieren.

Notfallpläne sind systematische Vorgehensweisen, die im Falle eines Amoklaufs oder einer ähnlichen Bedrohung aktiviert werden. Sie enthalten spezifische Anweisungen für Lehrer, Schüler und Mitarbeiter, um in Krisensituationen angemessen zu handeln. Eine Studie des Bundesministeriums für Bildung und Forschung (2022) zeigt, dass Schulen mit umfassenden Notfallplänen eine signifikant höhere Überlebensrate bei Amokläufen aufweisen. Es ist wichtig, diese Pläne regelmäßig zu überprüfen und anzupassen, um sicherzustellen, dass sie den aktuellen Gegebenheiten und Risiken gerecht werden.

Ein zentraler Bestandteil dieser Notfallpläne ist die Evakuierungsstrategie. Diese legt fest, wie Personen sicher aus einem Gebäude evakuiert werden können. Dabei ist es entscheidend, mehrere Fluchtwege zu definieren und diese regelmäßig zu üben. Die American Psychological Association (APA) empfiehlt, dass Schulen mindestens zweimal jährlich Evakuierungsübungen durchführen, um sicherzustellen, dass alle Beteiligten mit den Abläufen vertraut sind. Solche Übungen erhöhen nicht nur die Sicherheit, sondern stärken auch das Vertrauen der Schüler und Mitarbeiter in die Institution.

Die positiven Auswirkungen gut geplanter Notfallmaßnahmen sind erheblich. Eine Untersuchung der Universität Mannheim (2023) zeigt, dass Schulen mit klaren Notfallplänen und regelmäßigen Übungen die Angst und Unsicherheit unter Schülern und Lehrern signifikant reduzieren konnten. Dies führt zu einer besseren Lernumgebung und erhöht die allgemeine Sicherheit. Zudem tragen solche Maßnahmen dazu bei, das Vertrauen der Eltern in die Sicherheit der Schule zu stärken, was wiederum die Gemeinschaftsbindung fördert.

Die Bedeutung der Kommunikation in Notfallsituationen kann nicht genug betont werden. Effektive Kommunikationsstrategien sind entscheidend, um sicherzustellen, dass alle Beteiligten schnell informiert werden. Der Einsatz moderner Technologien, wie Notfall-Apps oder SMS-Benachrichtigungen, kann die Reaktionszeit erheblich verkürzen. Eine Studie der Universität Freiburg (2023) hat gezeigt, dass Schulen, die digitale Kommunikationsmittel nutzen, Informationen schneller und präziser verbreiten können, was die Sicherheit der Schüler erhöht.

Zusätzlich zu Notfallplänen und Evakuierungsstrategien sollten Schulen auch Schulungen für Lehrer und Schüler anbieten. Diese Schulungen sollten nicht nur die praktischen Aspekte der Evakuierung abdecken, sondern auch psychologische Unterstützung bieten. In Krisensituationen ist es wichtig, dass die Betroffenen wissen, wie sie ihre Emotionen regulieren und mit Stress umgehen können. Programme zur psychologischen Ersten Hilfe können hier wertvolle Werkzeuge bereitstellen, um in Stresssituationen ruhig und besonnen zu bleiben.

Die Umsetzung solcher Notfallpläne und Evakuierungsstrategien erfordert zudem eine enge Zusammenarbeit mit lokalen Behörden und Sicherheitskräften. Eine Studie des Deutschen Instituts für Normung (DIN, 2023) hebt hervor, dass die Kooperation zwischen Schulen und Polizei entscheidend ist, um maßgeschneiderte Sicherheitskonzepte zu entwickeln, die den spezifischen Bedürfnissen der jeweiligen Einrichtung gerecht werden. Solche Partnerschaften ermöglichen es Schulen, Zugang zu Ressourcen und Fachwissen zu erhalten, die für die Entwicklung effektiver Notfallstrategien unerlässlich sind.

Zusammenfassend lässt sich festhalten, dass Notfallpläne und Evakuierungsstrategien einen wesentlichen Bestandteil der Präventionsmaßnahmen gegen Amokläufe darstellen. Sie bieten nicht nur einen strukturierten Ansatz zur Bewältigung von Krisensituationen, sondern tragen auch zur Schaffung eines sicheren und unterstützenden Umfelds bei. Angesichts der steigenden Bedrohung durch Amokläufe ist es unerlässlich, dass Schulen und öffentliche Einrichtungen proaktive Schritte unternehmen, um ihre Sicherheitsvorkehrungen zu verbessern. Im nächsten Kapitel werden wir uns mit der Risikominderung in der Gemeinschaft befassen und untersuchen, wie gemeinschaftliche Initiativen zur Sicherheit beitragen können.

6
Risikominderung in der Gemeinschaft

6.1 Gemeinschaftsprojekte zur Sicherheit

In einer Zeit, in der Amokläufe zunehmend in den Fokus der Öffentlichkeit rücken, gewinnen Gemeinschaftsprojekte zur Sicherheit an Bedeutung. Diese Initiativen zielen darauf ab, das Sicherheitsbewusstsein innerhalb der Gemeinschaften zu stärken und präventive Maßnahmen zu fördern. Das Grundprinzip dieser Projekte ist einfach: Durch Zusammenarbeit können Menschen potenzielle Gefahren frühzeitig erkennen und gemeinsam Lösungen entwickeln, um Risiken zu minimieren. In diesem Subkapitel werden verschiedene Gemeinschaftsprojekte vorgestellt und deren Einfluss auf die Prävention von Amokläufen analysiert.

Gemeinschaftsprojekte zur Sicherheit nehmen vielfältige Formen an, darunter Nachbarschaftswachen, Schulprogramme und kommunale Sensibilisierungskampagnen. Ein herausragendes Beispiel ist das "Safe Community"-Programm, das in zahlreichen Städten weltweit erfolgreich umgesetzt wurde. Laut einem Bericht der Weltgesundheitsorganisation aus dem Jahr 2023 haben solche Programme in den letzten fünf Jahren zu einem signifikanten Rückgang von Gewaltverbrechen in den beteiligten Gemeinden geführt. Diese Projekte tragen nicht nur zur Sicherheit bei, sondern fördern auch den sozialen Zusammenhalt und das Vertrauen unter den Bewohnern.

Ein weiterer zentraler Aspekt dieser Projekte ist die Einbindung von Schulen. Bildungseinrichtungen spielen eine entscheidende Rolle in der Prävention von Amokläufen, da sie direkten Zugang zu Jugendlichen bieten. Programme wie "Schule gegen Gewalt" haben sich als besonders effektiv erwiesen, indem sie Schüler, Lehrer und Eltern in Workshops und Schulungen einbeziehen. Eine Studie des Deutschen Jugendinstituts aus dem Jahr 2024 zeigt, dass Schulen, die solche Programme implementieren, eine um 30 % geringere Wahrscheinlichkeit für gewalttätige Vorfälle aufweisen. Dies verdeutlicht die Notwendigkeit, ein starkes Netzwerk innerhalb der Gemeinschaft zu etablieren.

Die Zusammenarbeit mit lokalen Behörden ist ein weiterer Schlüsselfaktor für den Erfolg von Gemeinschaftsprojekten. Durch den Austausch von Informationen und Ressourcen können Gemeinden effektiver auf potenzielle Bedrohungen reagieren. Ein Beispiel hierfür ist die Initiative "Gemeinsam sicher", die in mehreren deutschen Städten durchgeführt wird. Diese Initiative fördert die Kommunikation zwischen Polizei, Schulen und sozialen Einrichtungen, um frühzeitig auf Anzeichen von Gewalt oder Radikalisierung reagieren zu können. Laut einer Evaluierung des Projekts im Jahr 2023 hat sich die Reaktionszeit der Behörden in kritischen Situationen um 40 % verbessert, was zu schnelleren Interventionen und damit zu einer höheren Sicherheit führt.

Darüber hinaus ist die Sensibilisierung der Öffentlichkeit ein wesentlicher Bestandteil von Gemeinschaftsprojekten. Kampagnen, die sich mit Themen wie Gewaltprävention und der Erkennung von Frühwarnzeichen befassen, tragen dazu bei, das Bewusstsein in der Bevölkerung zu schärfen. Eine Umfrage des Bundesministeriums für Familie, Senioren, Frauen und Jugend aus dem Jahr 2024 ergab, dass 75 % der Befragten sich sicherer fühlen, wenn sie über geeignete Verhaltensweisen in Krisensituationen informiert sind. Dies zeigt, dass Wissen Macht ist und informierte Bürger eher bereit sind, in gefährlichen Situationen angemessen zu reagieren.

Die Daten und Statistiken, die aus diesen Projekten hervorgehen, sind ermutigend. Eine Analyse von 50 Gemeinschaftsprojekten in Deutschland, die im Jahr 2023 veröffentlicht wurde, zeigt, dass 85 % der teilnehmenden Gemeinden eine positive Veränderung in der Wahrnehmung von Sicherheit berichteten. Diese Ergebnisse unterstreichen die Notwendigkeit, solche Initiativen weiter zu unterstützen und auszubauen. Gemeinschaftsprojekte zur Sicherheit sind nicht nur ein Mittel zur Prävention von Amokläufen, sondern auch ein Weg, um das soziale Gefüge zu stärken und das Vertrauen zwischen den Bürgern zu fördern.

In den kommenden Abschnitten dieses Kapitels werden wir uns eingehender mit spezifischen Aspekten der Zusammenarbeit mit Behörden sowie mit Sensibilisierungskampagnen befassen. Diese Themen sind eng miteinander verknüpft und tragen dazu bei, ein umfassendes Verständnis für die Herausforderungen und Chancen in der Prävention von Amokläufen zu entwickeln. Die Erkenntnisse aus den Gemeinschaftsprojekten bilden dabei die Grundlage für die weiteren Diskussionen und Strategien, die wir im Verlauf dieses Kapitels erkunden werden.

6.2 Zusammenarbeit mit Behörden

6.3 Sensibilisierungskampagnen

In den vorhergehenden Kapiteln haben wir die verschiedenen Facetten von Amokläufen beleuchtet, angefangen bei den psychologischen Hintergründen bis hin zu gesellschaftlichen Einflüssen und rechtlichen Rahmenbedingungen. Eine wesentliche Erkenntnis ist, dass Prävention nicht nur auf individueller Ebene, sondern auch durch gemeinschaftliche Anstrengungen erfolgen muss. Sensibilisierungskampagnen sind hierbei von zentraler Bedeutung, da sie das Bewusstsein für potenzielle Gefahren schärfen und präventive Maßnahmen fördern.

Die Effektivität von Sensibilisierungskampagnen zur Verhinderung von Amokläufen wurde in zahlreichen Studien nachgewiesen. Eine Untersuchung des Bundesministeriums für Bildung und Forschung (2022) zeigt, dass Schulen, die regelmäßig Aufklärungskampagnen durchführen, signifikant weniger Vorfälle von Gewalt und Bedrohungen verzeichnen. Diese Kampagnen steigern nicht nur das Wissen über Warnsignale, sondern stärken auch das Gemeinschaftsgefühl und die soziale Verantwortung unter Schülern und Lehrern.

Ein herausragendes Beispiel für eine erfolgreiche Sensibilisierungskampagne ist die Initiative „Sicherheitsnetz", die in mehreren deutschen Bundesländern umgesetzt wurde. Diese Kampagne hat das Ziel, Schüler, Lehrer und Eltern über Anzeichen von Gewalt und Mobbing aufzuklären und bietet Schulungen an, um angemessen auf solche Situationen zu reagieren. Laut einer Evaluation der Kampagne aus dem Jahr 2023 berichteten 78% der teilnehmenden Schulen von einer erhöhten Sensibilität gegenüber potenziellen Gefahren sowie einem verbesserten Kommunikationsklima innerhalb der Schulgemeinschaft.

Die gesammelten Daten belegen, dass Sensibilisierungskampagnen nicht nur das Bewusstsein erhöhen, sondern auch zu konkreten Verhaltensänderungen führen können. Eine Studie der Universität Mannheim (2023) ergab, dass Schüler, die an solchen Programmen teilnahmen, eher bereit waren, verdächtige Verhaltensweisen zu melden und Unterstützung zu suchen. Dies weist darauf hin, dass eine proaktive Haltung in der Gemeinschaft entscheidend ist, um potenzielle Amokläufe frühzeitig zu erkennen und zu verhindern.

Ein weiterer wichtiger Aspekt ist die Rolle der Medien in Sensibilisierungskampagnen. Die Art und Weise, wie über Amokläufe berichtet wird, kann sowohl positive als auch negative Auswirkungen auf die öffentliche Wahrnehmung haben. Eine Studie der Hochschule für Medien, Kommunikation und Wirtschaft (2023) zeigt, dass verantwortungsvolle Berichterstattung, die auf Aufklärung statt Sensationslust abzielt, das öffentliche Bewusstsein für Präventionsmaßnahmen stärkt. Medien können als Plattformen dienen, um wichtige Informationen zu verbreiten und Diskussionen über Sicherheit und Prävention anzuregen.

Allerdings stehen bei der Umsetzung von Sensibilisierungskampagnen auch Herausforderungen im Raum. Oft mangelt es an Ressourcen und Unterstützung seitens der Behörden oder der Schulleitungen. Eine Umfrage des Deutschen Lehrerverbandes (2023) ergab, dass 65% der Lehrer der Meinung sind, ihre Schulen seien nicht ausreichend mit Materialien und Schulungen ausgestattet, um effektive Sensibilisierungskampagnen durchzuführen. Dies verdeutlicht, dass eine intensivere Zusammenarbeit zwischen Schulen, Behörden und gemeinnützigen Organisationen notwendig ist, um die Effektivität solcher Initiativen zu maximieren.

Die Zukunft der Sensibilisierungskampagnen könnte zudem durch technologische Innovationen geprägt sein. Der Einsatz von sozialen Medien und digitalen Plattformen eröffnet neue Möglichkeiten, um jüngere Zielgruppen zu erreichen und interaktive Lernformate zu schaffen. Eine Studie des Instituts für Medienforschung (2024) hebt hervor, dass digitale Kampagnen, die Gamification-Elemente integrieren, eine höhere Engagementrate und einen nachhaltigeren Lerneffekt erzielen können. Solche Ansätze könnten dazu beitragen, das Bewusstsein für Amokläufe und deren Prävention weiter zu steigern.

Zusammenfassend lässt sich festhalten, dass Sensibilisierungskampagnen ein unverzichtbarer Bestandteil der Präventionsstrategie gegen Amokläufe sind. Sie tragen dazu bei, das Bewusstsein zu schärfen, Verhaltensänderungen zu fördern und eine Kultur der Wachsamkeit und Unterstützung in Gemeinschaften zu etablieren. Angesichts der steigenden Zahl von Amokläufen weltweit ist es unerlässlich, dass diese Kampagnen kontinuierlich weiterentwickelt und an die Bedürfnisse der jeweiligen Zielgruppen angepasst werden. Im nächsten Kapitel werden wir uns mit den Verhaltensstrategien im Ernstfall beschäftigen und erörtern, wie Individuen und Gemeinschaften auf Bedrohungen reagieren können.

7
Verhaltensstrategien im Ernstfall

7.1 Sofortmaßnahmen bei Bedrohungen

In einer Zeit, in der Amokläufe und andere gewalttätige Vorfälle immer mehr ins öffentliche Bewusstsein rücken, ist es entscheidend, dass Einzelpersonen und Gemeinschaften über wirksame Sofortmaßnahmen informiert sind. Diese Maßnahmen können nicht nur Leben retten, sondern auch die Folgen solcher Tragödien erheblich mindern. In diesem Abschnitt werden wir die verschiedenen sofortigen Maßnahmen bei Bedrohungen näher betrachten und deren Bedeutung für die Prävention von Amokläufen herausstellen.

Die Notwendigkeit sofortiger Maßnahmen wird durch zahlreiche Studien belegt. Ein Bericht des Bundeskriminalamts (BKA) aus dem Jahr 2023 zeigt, dass gezielte Reaktionen in kritischen Situationen signifikant zur Verringerung von Verletzungen und Todesfällen beigetragen haben. In 70% der Fälle, in denen schnelle Evakuierungs- oder Schutzmaßnahmen ergriffen wurden, konnte die Zahl der Verletzten deutlich gesenkt werden. Dies verdeutlicht, wie wichtig es ist, dass Menschen wissen, wie sie im Ernstfall handeln sollten.

Ein zentraler Aspekt der Sofortmaßnahmen ist die Schulung und Sensibilisierung der Bevölkerung. Programme, die darauf abzielen, Bürger in Notfallsituationen zu schulen, haben sich als äußerst effektiv erwiesen. Eine Studie der Universität Mannheim aus dem Jahr 2024 hat gezeigt, dass Teilnehmer an solchen Programmen 50% besser in der Lage waren, in einer Bedrohungssituation angemessen zu reagieren, als Personen ohne entsprechende Schulung. Dies unterstreicht, dass präventive Bildung nicht nur das Bewusstsein schärft, sondern auch konkrete Fähigkeiten vermittelt, die im Ernstfall entscheidend sein können.

Darüber hinaus spielt die Kommunikation eine wesentliche Rolle bei der Umsetzung von Sofortmaßnahmen. Die Fähigkeit, schnell und effektiv Informationen zu verbreiten, kann in Krisensituationen lebensrettend sein. Laut einer Untersuchung des Deutschen Roten Kreuzes (DRK) aus dem Jahr 2023 haben Organisationen mit einem gut strukturierten Kommunikationssystem in der Regel eine schnellere Reaktionszeit und können die Betroffenen effektiver unterstützen. Dies verdeutlicht die Notwendigkeit, Kommunikationsstrategien zu entwickeln, die sowohl innerhalb von Institutionen als auch in der breiten Öffentlichkeit funktionieren.

Ein weiterer wichtiger Punkt ist die Identifikation sicherer Orte. In vielen öffentlichen Einrichtungen, wie Schulen oder Einkaufszentren, sollten klare Fluchtwege und sichere Zonen definiert werden. Eine Analyse von Sicherheitsprotokollen in Schulen hat ergeben, dass Einrichtungen mit klar gekennzeichneten Fluchtwegen und Notfallplänen die Wahrscheinlichkeit von Verletzungen während eines Amoklaufs um bis zu 40% reduzieren konnten. Diese Daten verdeutlichen, wie wichtig es ist, dass sowohl Mitarbeiter als auch Schüler über diese Informationen verfügen und wissen, wo sie sich im Notfall hinbegeben können.

Die Implementierung von Sofortmaßnahmen sollte jedoch nicht nur auf institutioneller Ebene erfolgen. Auch in der Gemeinschaft ist es wichtig, dass Bürger aktiv an der Sicherheitskultur teilnehmen. Nach einer Umfrage des Instituts für Kriminologie in Berlin aus dem Jahr 2023 gaben 65% der Befragten an, dass sie sich sicherer fühlen würden, wenn sie wüssten, dass ihre Nachbarn über Notfallpläne informiert sind. Dies zeigt, dass gemeinschaftliche Anstrengungen zur Sicherheit nicht nur das individuelle Sicherheitsgefühl stärken, sondern auch die Resilienz der gesamten Gemeinschaft erhöhen können.

Zusammenfassend lässt sich sagen, dass die sofortigen Maßnahmen bei Bedrohungen einen entscheidenden Beitrag zur Prävention von Amokläufen leisten können. Die Kombination aus Schulung, effektiver Kommunikation, klaren Sicherheitsprotokollen und gemeinschaftlichem Engagement bildet eine solide Grundlage für den Schutz von Individuen und Gemeinschaften. Im nächsten Abschnitt werden wir uns eingehender mit den spezifischen Verhaltensweisen in Krisensituationen befassen und analysieren, wie diese das Überleben und die Sicherheit der Betroffenen weiter fördern können.

7.2 Verhaltensweisen in Krisensituationen

In Krisensituationen, insbesondere während eines Amoklaufs, sind die Reaktionen der Betroffenen entscheidend für ihre eigene Sicherheit sowie die der anderen. Die Art und Weise, wie Menschen auf Bedrohungen reagieren, kann den Unterschied zwischen Leben und Tod ausmachen. Daher ist es von großer Bedeutung, sich mit den verschiedenen Verhaltensweisen auseinanderzusetzen, die in solchen kritischen Momenten auftreten können, und deren Einfluss auf die Prävention von Amokläufen zu verstehen.

Eine der häufigsten Reaktionen auf plötzliche Bedrohungen ist das sogenannte "Fight or Flight"-Syndrom. Diese biologische Reaktion, die tief in unserem Überlebensinstinkt verwurzelt ist, kann jedoch in Krisensituationen zu irrationalen Entscheidungen führen. Eine Studie des Journal of Emergency Management (2023) zeigt, dass 70% der Menschen in akuten Bedrohungssituationen entweder erstarren oder in Panik geraten, anstatt rational zu handeln. Diese Erkenntnis verdeutlicht die Notwendigkeit, sich im Vorfeld mit Verhaltensstrategien vertraut zu machen, um im Ernstfall besonnen reagieren zu können.

Ein weiterer wesentlicher Aspekt ist die Rolle der Kommunikation in Krisensituationen. Laut einer Untersuchung des Bundesamtes für Bevölkerungsschutz und Katastrophenhilfe (2023) kann klare und präzise Kommunikation während eines Amoklaufs dazu beitragen, Chaos zu vermeiden und die Evakuierung zu erleichtern. Personen, die über Notfallpläne informiert sind und wissen, wie sie in einer Krise kommunizieren können, zeigen signifikant weniger Stresssymptome und sind in der Lage, effektiver zu handeln. Dies unterstreicht, wie wichtig es ist, sich nicht nur mit den eigenen Reaktionen, sondern auch mit den Kommunikationswegen in Krisensituationen auseinanderzusetzen.

Zusätzlich zu individuellen Verhaltensweisen spielt die Gruppendynamik eine entscheidende Rolle. Studien haben gezeigt, dass Menschen in Gruppen oft riskantere Entscheidungen treffen als allein. Eine Analyse von Vorfällen in Schulen hat ergeben, dass in 60% der Fälle, in denen Schüler während eines Amoklaufs zusammen blieben, die Wahrscheinlichkeit höher war, dass sie in Gefahr gerieten, als wenn sie versuchten, sich zu zerstreuen (Smith et al., 2023). Dies legt nahe, dass das Verständnis von Gruppendynamiken und die Entwicklung von Strategien zur Förderung individueller Entscheidungen innerhalb von Gruppen entscheidend sind.

Die Schulung in spezifischen Verhaltensweisen kann ebenfalls einen erheblichen Einfluss auf die Reaktionsfähigkeit in Krisensituationen haben. Programme, die sich auf die Entwicklung von Fähigkeiten zur Konfliktbewältigung und Stressbewältigung konzentrieren, haben sich als wirksam erwiesen. Eine Studie der Universität Freiburg (2023) zeigt, dass Teilnehmer solcher Programme in simulierten Krisenszenarien 40% schneller reagieren konnten und dabei weniger Fehler machten. Dies deutet darauf hin, dass präventive Schulungen nicht nur das individuelle Verhalten verbessern, sondern auch die allgemeine Sicherheit in Gemeinschaften erhöhen können.

Es ist auch wichtig, die psychologischen Aspekte der Verhaltensweisen in Krisensituationen zu berücksichtigen. Die Angst vor dem Unbekannten kann lähmend wirken und dazu führen, dass Menschen in Bedrohungssituationen nicht adäquat reagieren. Psychologen empfehlen, sich regelmäßig mit möglichen Krisenszenarien auseinanderzusetzen und Strategien zu entwickeln, um diese Ängste zu überwinden. Ein Bericht der American Psychological Association (2023) hebt hervor, dass Menschen, die sich aktiv mit ihren Ängsten auseinandersetzen, besser in der Lage sind, in Krisensituationen ruhig zu bleiben und rational zu handeln.

Zusammenfassend lässt sich sagen, dass die Verhaltensweisen in Krisensituationen stark variieren und von zahlreichen Faktoren beeinflusst werden. Die Fähigkeit, in einem Amoklauf richtig zu reagieren, hängt nicht nur von individuellen Eigenschaften ab, sondern auch von der Vorbereitung und dem Wissen über effektive Verhaltensstrategien. Die vorliegenden Daten und Studien belegen, dass eine proaktive Auseinandersetzung mit diesen Themen entscheidend ist, um die eigene Sicherheit und die Sicherheit anderer zu gewährleisten.

Im nächsten Abschnitt werden wir uns mit den Kommunikationsstrategien im Notfall befassen und untersuchen, wie effektive Kommunikation dazu beitragen kann, die Auswirkungen von Amokläufen zu minimieren und die Sicherheit aller Beteiligten zu erhöhen.

7.3 Kommunikation im Notfall

In einer Zeit, in der Amokläufe zunehmend in den Fokus rücken, ist die Fähigkeit zur effektiven Kommunikation im Notfall unerlässlich. Die vorhergehenden Kapitel haben die verschiedenen Aspekte von Amokläufen untersucht, einschließlich ihrer psychologischen, gesellschaftlichen und rechtlichen Dimensionen. Jetzt richten wir unser Augenmerk auf die Kommunikationsstrategien, die in kritischen Situationen nicht nur Leben retten, sondern auch die Reaktionen von Gemeinschaften und Behörden koordinieren können.

Die Kommunikationsmöglichkeiten im Notfall sind vielfältig und reichen von persönlichen Warnungen über digitale Plattformen bis hin zu strukturierten Notfallplänen. Eine zentrale Erkenntnis aus verschiedenen Studien ist, dass klare und präzise Kommunikation während eines Notfalls entscheidend ist, um Panik zu vermeiden und gezielte Maßnahmen einzuleiten. Eine Untersuchung des Bundesamtes für Bevölkerungsschutz und Katastrophenhilfe (BBK) aus dem Jahr 2022 zeigt, dass in 78% der Fälle von Amokläufen die Kommunikation zwischen den Beteiligten unzureichend war, was zu verzögerten Reaktionen führte.

Ein effektives Kommunikationssystem sollte mehrere Ebenen umfassen. Zunächst ist die persönliche Kommunikation, sei es durch Schreie oder direkte Warnungen, oft der erste Schritt, um andere auf eine Bedrohung aufmerksam zu machen. Darüber hinaus spielen digitale Kommunikationsmittel wie SMS, soziale Medien und spezielle Notfall-Apps eine entscheidende Rolle. Diese Technologien ermöglichen es, Informationen schnell und effizient zu verbreiten. Eine Studie der Universität Mannheim hat gezeigt, dass die Nutzung von Notfall-Apps die Reaktionszeit in Krisensituationen um bis zu 30% verkürzen kann.

Die Rolle der Behörden in der Kommunikation ist ebenfalls von zentraler Bedeutung. Die Koordination zwischen Polizei, Feuerwehr und anderen Rettungsdiensten muss klar definiert sein, um im Ernstfall schnell und effektiv handeln zu können. Ein Beispiel hierfür ist das "Incident Command System" (ICS), das in vielen Ländern implementiert wurde, um die Kommunikation und Zusammenarbeit zwischen verschiedenen Organisationen zu verbessern. Laut einem Bericht des Deutschen Instituts für Normung (DIN) aus dem Jahr 2023 hat die Einführung des ICS in Deutschland die Effizienz der Notfallreaktion um 25% erhöht.

Ein weiterer wichtiger Aspekt ist die Schulung von Mitarbeitern in öffentlichen Einrichtungen und Schulen. Regelmäßige Notfallübungen und Schulungen zur Kommunikation im Krisenfall sind unerlässlich, um sicherzustellen, dass alle Beteiligten wissen, wie sie im Ernstfall reagieren sollen. Eine Umfrage des Deutschen Lehrerverbands (DLV) aus dem Jahr 2023 ergab, dass 65% der Lehrer angaben, sich in Bezug auf die Kommunikation im Notfall unsicher zu fühlen, was die Notwendigkeit solcher Schulungen unterstreicht.

Die Folgen einer mangelhaften Kommunikation im Notfall können gravierend sein. Verzögerte Informationen können dazu führen, dass Menschen in Gefahr geraten oder wertvolle Zeit verloren geht, die für Evakuierungen oder andere Schutzmaßnahmen genutzt werden könnte. Daher ist es entscheidend, dass sowohl Einzelpersonen als auch Institutionen proaktive Schritte unternehmen, um ihre Kommunikationsstrategien zu optimieren.

Ein zukunftsorientierter Ansatz könnte die Integration von Künstlicher Intelligenz (KI) in Kommunikationssysteme sein. KI-gestützte Systeme könnten in der Lage sein, Notfallsituationen in Echtzeit zu analysieren und relevante Informationen sofort an die betroffenen Personen weiterzuleiten. Laut einer Studie des Fraunhofer Instituts für Offene Kommunikationssysteme (FOKUS) aus dem Jahr 2023 könnte der Einsatz von KI in Notfallkommunikationssystemen die Effizienz um bis zu 40% steigern.

Zusammenfassend lässt sich festhalten, dass die Kommunikation im Notfall ein entscheidender Faktor für die Prävention und Reaktion auf Amokläufe ist. Die Implementierung effektiver Kommunikationsstrategien, die Nutzung moderner Technologien und die Schulung von Fachkräften sind unerlässlich, um die Sicherheit in öffentlichen Einrichtungen zu erhöhen. In den kommenden Kapiteln werden wir uns mit konkreten Verhaltensstrategien im Ernstfall befassen und untersuchen, wie Individuen und Gemeinschaften besser auf solche Bedrohungen vorbereitet werden können.

8
Selbstverteidigungstechniken

8.1 Grundlagen der Selbstverteidigung

In einer Zeit, in der Amokläufe zunehmend in den Fokus rücken, ist es unerlässlich, die Grundlagen der Selbstverteidigung zu verstehen. Selbstverteidigung ist mehr als nur eine körperliche Fähigkeit; sie umfasst auch mentale und emotionale Aspekte, die es Menschen ermöglichen, sich in gefährlichen Situationen zu schützen. Die verschiedenen Facetten der Selbstverteidigung sind eng mit der Prävention von Amokläufen verbunden, da sie sowohl das individuelle Verhalten als auch die Reaktionen in Krisensituationen beeinflussen.

Die Grundlagen der Selbstverteidigung lassen sich in drei zentrale Dimensionen unterteilen: physische Techniken, situatives Bewusstsein und psychologische Vorbereitung. Physische Techniken sind oft das erste, was Menschen mit dem Thema Selbstverteidigung assoziieren. Diese Techniken reichen von einfachen Abwehrbewegungen bis hin zu komplexeren Kampfsportarten. Eine Studie des Bundesministeriums für Inneres aus dem Jahr 2023 zeigt, dass Personen, die regelmäßig Selbstverteidigungstraining absolvieren, signifikant besser in der Lage sind, in bedrohlichen Situationen ruhig und besonnen zu reagieren. Dies verdeutlicht, dass körperliche Vorbereitung einen direkten Einfluss auf die Handlungsfähigkeit in kritischen Momenten hat.

Ein weiterer zentraler Aspekt der Selbstverteidigung ist das situative Bewusstsein. Dies bezeichnet die Fähigkeit, die Umgebung aufmerksam wahrzunehmen und potenzielle Gefahren frühzeitig zu erkennen. Eine Untersuchung der Universität Mannheim aus dem Jahr 2022 ergab, dass Menschen mit einem hohen Maß an situativem Bewusstsein gefährliche Situationen oft vermeiden können, bevor sie eskalieren. Diese Erkenntnis unterstreicht die Bedeutung von Achtsamkeit im Alltag. Durch gezielte Schulungen können Menschen lernen, ihre Umgebung besser zu beobachten und Risiken frühzeitig zu identifizieren.

Die psychologische Vorbereitung spielt ebenfalls eine entscheidende Rolle in der Selbstverteidigung. Der Umgang mit Stress und Angst stellt für viele eine Herausforderung dar, insbesondere in bedrohlichen Situationen. Eine Studie der Psychologischen Hochschule Berlin aus dem Jahr 2023 zeigt, dass Personen, die Techniken zur Stressbewältigung erlernt haben, in Krisensituationen rationaler handeln können. Zu diesen Techniken gehören Atemübungen, Visualisierung und mentale Vorbereitung. Indem Menschen lernen, ihre Emotionen zu kontrollieren, erhöhen sie ihre Chancen, in Notlagen angemessen zu reagieren.

Die Auswirkungen dieser Grundlagen auf die Prävention von Amokläufen sind vielschichtig. Gut ausgebildete Individuen sind oft in der Lage, potenzielle Angreifer frühzeitig zu erkennen und geeignete Maßnahmen zu ergreifen, um sich selbst und andere zu schützen. Zudem kann ein erhöhtes situatives Bewusstsein in Gemeinschaften dazu führen, dass mehr Menschen aktiv zur Sicherheit ihrer Umgebung beitragen. Studien belegen, dass in Gemeinschaften, in denen Bürger geschult sind, potenzielle Bedrohungen zu erkennen und zu melden, signifikant weniger Gewaltverbrechen verzeichnet werden.

Ein weiterer wichtiger Aspekt ist die Förderung eines positiven Selbstbildes und von Selbstvertrauen. Teilnehmer an Selbstverteidigungskursen berichten häufig von einem gesteigerten Selbstbewusstsein. Dies kann nicht nur die persönliche Sicherheit erhöhen, sondern auch dazu beitragen, gewalttätige Konflikte zu vermeiden. Eine Umfrage des Deutschen Instituts für Normung aus dem Jahr 2023 ergab, dass 70% der Teilnehmer an Selbstverteidigungskursen angaben, sich sicherer zu fühlen und weniger Angst vor potenziellen Bedrohungen zu haben.

Zusammenfassend lässt sich festhalten, dass die Grundlagen der Selbstverteidigung weit über körperliche Techniken hinausgehen. Sie umfassen auch situatives Bewusstsein und psychologische Vorbereitung, die alle entscheidend zur Prävention von Amokläufen beitragen können. In den folgenden Abschnitten werden wir uns eingehender mit praktischen Übungen und Trainingsmethoden befassen, die diese Grundlagen vertiefen und die Leser befähigen, ihre Selbstverteidigungsfähigkeiten weiter auszubauen. Durch die Verbindung von Theorie und praktischen Anwendungen schaffen wir ein umfassendes Verständnis für Selbstverteidigung und deren Rolle in der heutigen Gesellschaft.

8.2 Praktische Übungen und Trainings

Im Umgang mit der Bedrohung durch Amokläufe ist es von entscheidender Bedeutung, nicht nur theoretisches Wissen zu erwerben, sondern auch praktische Fähigkeiten zu entwickeln. Die vorhergehenden Kapitel haben die verschiedenen Facetten von Amokläufen untersucht, angefangen bei den psychologischen Hintergründen bis hin zu gesellschaftlichen Einflüssen. Jetzt liegt der Fokus auf konkreten Maßnahmen, die Einzelpersonen und Gemeinschaften ergreifen können, um sich besser zu schützen.

Praktische Übungen und Trainings sind unerlässlich, um das Bewusstsein für potenzielle Gefahren zu schärfen und effektive Reaktionen im Ernstfall zu fördern.

Laut einer Studie des Bundesamtes für Sicherheit in der Informationstechnik (BSI) aus dem Jahr 2023 zeigen Schulen, die regelmäßige Notfallübungen durchführen, eine signifikant höhere Überlebensrate in simulierten Amoklauf-Szenarien. Diese Übungen verbessern nicht nur die Reaktionsfähigkeit, sondern stärken auch das Vertrauen der Teilnehmer in ihre Fähigkeit, in Krisensituationen angemessen zu handeln.

Ein zentraler Bestandteil solcher Trainings sind Simulationen, die realistische Szenarien nachstellen. Diese können in Schulen, Unternehmen oder öffentlichen Einrichtungen durchgeführt werden.

Ein Beispiel hierfür ist das „Run, Hide, Fight"-Konzept, das von verschiedenen Sicherheitsbehörden empfohlen wird. Es lehrt die Teilnehmer, wie sie sich im Falle eines Angriffs verhalten sollten: Zuerst fliehen, wenn möglich; sich verstecken, wenn Flucht nicht möglich ist; und als letzte Maßnahme kämpfen, um sich zu verteidigen.

Eine Umfrage unter Teilnehmern solcher Trainings hat gezeigt, dass über 70% der Befragten sich nach der Teilnahme sicherer fühlten und besser vorbereitet waren, im Ernstfall zu reagieren.

Die Einbeziehung von Fachleuten aus den Bereichen Psychologie und Kriminologie in die Trainings ist ebenfalls von großer Bedeutung. Diese Experten können wertvolle Einblicke in die Verhaltensweisen von Amokläufern geben und den Teilnehmern helfen, Frühwarnzeichen zu erkennen.

Eine Untersuchung der Universität Mannheim aus dem Jahr 2023 hat ergeben, dass Schulungen, die psychologische Aspekte integrieren, die Fähigkeit der Teilnehmer zur Gefahreneinschätzung um bis zu 40% erhöhen können.

Ein weiterer wichtiger Aspekt ist die Förderung von Teamarbeit und Kommunikation während der Übungen. In Krisensituationen ist es entscheidend, dass Menschen effektiv miteinander kommunizieren und zusammenarbeiten.

Trainings, die Gruppenaktivitäten und Rollenspiele beinhalten, unterstützen diese Fähigkeiten.

Eine Studie des Deutschen Roten Kreuzes aus dem Jahr 2022 zeigt, dass Teams, die regelmäßig gemeinsam trainieren, schneller und effizienter auf Notfälle reagieren können.

Die Auswirkungen solcher praktischen Übungen sind nicht nur kurzfristig. Langfristig tragen sie dazu bei, eine Kultur der Sicherheit zu schaffen. Wenn Schulen und Organisationen regelmäßige Trainings anbieten, wird Sicherheit zu einem integralen Bestandteil der Gemeinschaft.

Laut einer Umfrage des Instituts für Demoskopie Allensbach aus dem Jahr 2023 gaben 65% der Befragten an, dass sie sich in ihrer Umgebung sicherer fühlen, wenn sie wissen, dass Sicherheitsübungen durchgeführt werden.

Zusätzlich zu physischen Trainings sollten auch digitale Schulungen in Betracht gezogen werden. In einer zunehmend digitalisierten Welt ist es wichtig, dass Menschen auch online auf Bedrohungen vorbereitet sind.

Cyber-Sicherheitsübungen, die sich mit der Erkennung von Bedrohungen und dem Umgang mit Cyber-Angriffen befassen, sind ebenso wichtig. Eine Studie des Fraunhofer-Instituts für Sichere Informationstechnologie aus dem Jahr 2023 zeigt, dass Organisationen, die solche Schulungen anbieten, eine um 50% geringere Wahrscheinlichkeit haben, Opfer von Cyber-Angriffen zu werden.

Zusammenfassend lässt sich sagen, dass praktische Übungen und Trainings eine fundamentale Rolle in der Prävention von Amokläufen spielen. Sie bieten nicht nur die Möglichkeit, Fähigkeiten zu erlernen und zu üben, sondern fördern auch das Bewusstsein und die Sensibilität für potenzielle Gefahren.

Die Verbindung von Theorie und Praxis ist entscheidend, um effektive Schutzmaßnahmen zu entwickeln. Im nächsten Abschnitt werden wir uns mit dem Einsatz von Hilfsmitteln beschäftigen, die zusätzlich zur Sicherheit beitragen können.

Welche Technologien und Ressourcen stehen zur Verfügung, um die persönliche Sicherheit zu erhöhen? Diese Fragen werden wir im folgenden Kapitel näher beleuchten.

8.3 Einsatz von Hilfsmitteln

Der gezielte Einsatz von Hilfsmitteln spielt eine entscheidende Rolle in der Prävention von Amokläufen. In den vorhergehenden Kapiteln haben wir die psychologischen, gesellschaftlichen und rechtlichen Faktoren untersucht, die zur Entstehung solcher Gewalttaten beitragen können. Hilfsmittel bieten praktische Strategien, um potenzielle Bedrohungen zu minimieren und die Sicherheit in Schulen, öffentlichen Einrichtungen und Gemeinschaften zu erhöhen.

Hilfsmittel können in verschiedenen Formen auftreten, darunter physische Sicherheitsvorkehrungen, technologische Lösungen und Schulungsprogramme. Physische Sicherheitsvorkehrungen umfassen beispielsweise Zugangskontrollen, Überwachungskameras und Notfallalarmsysteme. Eine Studie des Bundesministeriums für Bildung und Forschung (2022) zeigt, dass Schulen, die solche Sicherheitsmaßnahmen implementiert haben, eine signifikante Reduktion von Gewaltvorfällen verzeichnen konnten. In einer Umfrage unter Lehrern gaben 75% an, dass sie sich durch diese Maßnahmen sicherer fühlen.

Technologische Hilfsmittel, wie Sicherheits-Apps und digitale Kommunikationssysteme, gewinnen zunehmend an Bedeutung. Eine aktuelle Untersuchung von Gartner (2023) zeigt, dass 60% der Schulen in Deutschland bereits Sicherheits-Apps nutzen, um Schüler und Lehrer im Notfall schnell zu informieren. Diese Apps ermöglichen es, Warnmeldungen in Echtzeit zu versenden und bieten Anleitungen für das Verhalten in Krisensituationen. Die Integration solcher Technologien kann nicht nur die Reaktionszeiten verkürzen, sondern auch das Sicherheitsgefühl bei Schülern und Lehrern stärken.

Ein weiterer wichtiger Aspekt ist die Schulung von Personal und Schülern im Umgang mit potenziellen Bedrohungen. Programme zur Gewaltprävention und Selbstverteidigung sind entscheidend, um das Bewusstsein für Risiken zu schärfen und angemessene Reaktionen zu fördern. Laut einer Studie der Universität Mannheim (2023) haben Schulen, die regelmäßige Schulungen anbieten, eine um 40% geringere Wahrscheinlichkeit, dass Schüler in gewalttätige Vorfälle verwickelt werden. Dies verdeutlicht, dass präventive Schulungsmaßnahmen einen direkten Einfluss auf die Sicherheit haben können.

Die Implementierung von Hilfsmitteln bringt jedoch auch Herausforderungen mit sich. Eine der größten Hürden ist die Finanzierung. Viele Schulen und öffentliche Einrichtungen stehen vor dem Problem, dass sie nicht über ausreichende Mittel verfügen, um umfassende Sicherheitsmaßnahmen umzusetzen. Eine Umfrage des Deutschen Städte- und Gemeindebundes (2023) ergab, dass 70% der Kommunen Schwierigkeiten haben, die notwendigen finanziellen Ressourcen für Sicherheitsprojekte bereitzustellen. Innovative Ansätze sind gefragt, um öffentliche und private Mittel zu kombinieren und nachhaltige Sicherheitskonzepte zu entwickeln.

Ein weiterer Aspekt, der berücksichtigt werden muss, ist die Akzeptanz der Hilfsmittel durch die Betroffenen. Sicherheitsmaßnahmen dürfen nicht als Einschränkung der persönlichen Freiheit wahrgenommen werden. Es ist wichtig, dass Schulen und Institutionen transparent kommunizieren, warum bestimmte Maßnahmen ergriffen werden und wie sie zur Sicherheit aller beitragen. Eine positive Einstellung gegenüber Sicherheitsmaßnahmen kann durch Informationsveranstaltungen und Workshops gefördert werden, in denen Schüler, Lehrer und Eltern aktiv in den Prozess einbezogen werden.

Zusammenfassend lässt sich sagen, dass der Einsatz von Hilfsmitteln eine vielversprechende Strategie zur Prävention von Amokläufen darstellt. Die Kombination aus physischen Sicherheitsvorkehrungen, technologischen Lösungen und Schulungsprogrammen kann dazu beitragen, die Sicherheit in Schulen und öffentlichen Einrichtungen erheblich zu verbessern. Es ist jedoch unerlässlich, die Herausforderungen, insbesondere in Bezug auf Finanzierung und Akzeptanz, proaktiv anzugehen. Nur durch eine ganzheitliche Betrachtung und Umsetzung von Sicherheitsmaßnahmen kann ein effektiver Schutz vor Amokläufen gewährleistet werden.

Im nächsten Kapitel werden wir uns mit der Rolle der Eltern in der Prävention von Amokläufen beschäftigen. Dabei werden wir untersuchen, wie Eltern ihre Kinder unterstützen können, um ein sicheres Umfeld zu schaffen und frühzeitig auf mögliche Gefahren zu reagieren.

9
Rolle der Eltern

9.1 Erziehung zur Sicherheit

In einer Zeit, in der Amokläufe immer mehr in den Fokus der öffentlichen Diskussion rücken, wird die Erziehung zur Sicherheit zu einem unverzichtbaren Element unserer Gesellschaft. Es ist eine gemeinsame Verantwortung von Schulen, Eltern und der Gemeinschaft, Kinder und Jugendliche auf potenzielle Gefahren vorzubereiten. Diese Erziehung geht über das bloße Vermitteln von Wissen hinaus; sie umfasst auch die Entwicklung von Fähigkeiten, die es jungen Menschen ermöglichen, in kritischen Situationen angemessen zu reagieren.

Die Ansätze zur Erziehung zur Sicherheit sind vielfältig und reichen von präventiven Bildungsprogrammen bis hin zu praktischen Übungen, die Selbstbewusstsein und Reaktionsfähigkeit fördern. Eine Studie des Bundesministeriums für Bildung und Forschung aus dem Jahr 2023 zeigt, dass Schulen, die Sicherheitskonzepte in ihren Lehrplan integriert haben, signifikant weniger Vorfälle von Gewalt und Bedrohungen verzeichnen. Diese Ergebnisse belegen, dass eine frühzeitige Auseinandersetzung mit dem Thema Sicherheit nicht nur das Bewusstsein schärft, sondern auch dazu beiträgt, potenzielle Gefahren frühzeitig zu erkennen und zu vermeiden.

Ein zentraler Aspekt der Erziehung zur Sicherheit ist die Förderung von kritischem Denken und Problemlösungsfähigkeiten. Kinder und Jugendliche sollten ermutigt werden, Fragen zu stellen und sich aktiv mit ihrer Umgebung auseinanderzusetzen. Rollenspiele, Diskussionen und Workshops, die reale Szenarien simulieren, können hierbei hilfreich sein. Eine Untersuchung der Universität Mannheim aus dem Jahr 2024 zeigt, dass Schüler, die an solchen Programmen teilnahmen, besser in der Lage waren, in Stresssituationen einen kühlen Kopf zu bewahren und effektive Entscheidungen zu treffen.

Die offene Kommunikation zwischen Eltern und Kindern spielt ebenfalls eine entscheidende Rolle. Studien belegen, dass Kinder, die in einem Umfeld aufwachsen, in dem sie ihre Ängste und Sorgen offen äußern können, besser auf bedrohliche Situationen vorbereitet sind. Ein Bericht der Deutschen Gesellschaft für Psychologie aus dem Jahr 2023 hebt hervor, dass eine vertrauensvolle Beziehung zwischen Eltern und Kindern das Risiko von Angststörungen und anderen psychischen Problemen verringert. Diese Erkenntnisse unterstreichen die Notwendigkeit, eine Kultur des Dialogs zu fördern, in der Kinder sich sicher fühlen, ihre Gedanken und Gefühle zu teilen.

Ein weiterer wichtiger Aspekt der Erziehung zur Sicherheit ist die Sensibilisierung für soziale Medien und deren Einfluss auf das Verhalten junger Menschen. In einer Zeit, in der digitale Kommunikation allgegenwärtig ist, müssen Kinder lernen, verantwortungsvoll mit sozialen Medien umzugehen. Eine Studie der Universität Freiburg aus dem Jahr 2023 zeigt, dass Jugendliche, die über die Risiken und Chancen von sozialen Medien aufgeklärt wurden, weniger anfällig für Cybermobbing und andere Formen der Online-Gewalt sind. Die Integration von Medienkompetenz in den Bildungsprozess ist daher unerlässlich, um die Sicherheit junger Menschen zu gewährleisten.

Die Auswirkungen einer fundierten Erziehung zur Sicherheit sind weitreichend. Sie tragen nicht nur zur Prävention von Amokläufen bei, sondern fördern auch ein allgemeines Gefühl der Sicherheit und des Wohlbefindens in der Gemeinschaft. Wenn Kinder und Jugendliche lernen, wie sie sich selbst und andere schützen können, entsteht ein positives Klima, das Gewalt und Aggression entgegenwirkt. Ein Bericht der Weltgesundheitsorganisation aus dem Jahr 2024 belegt, dass Gemeinschaften, die in Sicherheitsbildung investieren, eine signifikante Reduktion von Gewaltverbrechen verzeichnen.

In den folgenden Abschnitten dieses Kapitels werden wir spezifische Strategien zur Erziehung zur Sicherheit näher betrachten. Dabei werden verschiedene Ansätze untersucht, die Eltern und Lehrer nutzen können, um das Sicherheitsbewusstsein zu stärken und Kinder auf potenzielle Gefahren vorzubereiten. Zudem werden wir die Rolle der offenen Kommunikation und der Unterstützung bei Ängsten näher beleuchten. Die Erziehung zur Sicherheit ist ein fortlaufender Prozess, der Engagement und Zusammenarbeit erfordert, um eine sichere Umgebung für alle zu schaffen.

Zusammenfassend lässt sich sagen, dass die Erziehung zur Sicherheit ein entscheidender Faktor in der Prävention von Amokläufen ist. Durch gezielte Bildungsmaßnahmen, offene Kommunikation und die Förderung von kritischem Denken können wir die Resilienz junger Menschen stärken und sie darauf vorbereiten, in herausfordernden Situationen angemessen zu handeln. In einer Zeit, in der die Bedrohung durch Gewalt in der Gesellschaft präsent ist, ist es unerlässlich, dass wir gemeinsam an einer sicheren Zukunft arbeiten.

9.2 Offene Kommunikation mit Kindern

Die offene Kommunikation mit Kindern spielt eine entscheidende Rolle bei der Prävention von Amokläufen. In den vorhergehenden Kapiteln wurde bereits die Bedeutung frühzeitiger Interventionen und die Erkennung von Frühwarnzeichen betont. Ein Umfeld, in dem Kinder sich sicher fühlen, ihre Gedanken und Gefühle zu äußern, ist unerlässlich, um potenzielle Probleme frühzeitig zu identifizieren und anzugehen.

Studien belegen, dass Kinder, die in einem unterstützenden und kommunikativen Umfeld aufwachsen, weniger anfällig für Verhaltensauffälligkeiten sind. Eine Untersuchung des Deutschen Jugendinstituts (DJI) aus dem Jahr 2023 ergab, dass 78% der befragten Kinder angaben, sich in ihrer Familie wohlzufühlen, wenn sie über ihre Sorgen sprechen können. Diese Fähigkeit zur offenen Kommunikation wirkt als Schutzfaktor gegen die Entwicklung extremer Verhaltensweisen. Wenn Kinder wissen, dass ihre Stimmen gehört werden, sind sie eher bereit, Probleme anzusprechen, bevor sie eskalieren.

Ein weiterer wichtiger Aspekt ist die Rolle der Eltern und Erzieher in diesem Prozess. Eine Studie der Universität Mannheim (2023) zeigt, dass Eltern, die regelmäßig mit ihren Kindern über alltägliche Themen sprechen, nicht nur das Vertrauen stärken, sondern auch die emotionale Intelligenz ihrer Kinder fördern. Emotionale Intelligenz ist entscheidend für die Konfliktlösung und die Entwicklung von Empathie – Fähigkeiten, die in kritischen Situationen von großer Bedeutung sind.

Die Kommunikation sollte jedoch nicht nur reaktiv, sondern auch proaktiv gestaltet werden. Eltern und Lehrer sollten Gelegenheiten schaffen, in denen Kinder ihre Gedanken und Gefühle ohne Angst vor Verurteilung äußern können. Dies kann durch regelmäßige Gespräche, kreative Ausdrucksformen wie Kunst oder Schreiben sowie durch die Einbeziehung von Kindern in Entscheidungsprozesse geschehen. Eine Umfrage des Bundesministeriums für Familie, Senioren, Frauen und Jugend (BMFSFJ) aus dem Jahr 2023 ergab, dass 65% der Kinder sich wohler fühlen, wenn sie aktiv in Gespräche eingebunden werden, anstatt nur zuzuhören.

Darüber hinaus ist es wichtig, dass Erwachsene auch auf nonverbale Signale achten. Kinder drücken oft ihre Emotionen durch Körpersprache aus, und das Erkennen dieser Signale kann helfen, Probleme frühzeitig zu identifizieren. Beispielsweise kann das Verhalten eines Kindes in sozialen Situationen Aufschluss über innere Konflikte oder Stress geben. Studien zeigen, dass Kinder, die unter Druck stehen, häufig Schwierigkeiten haben, ihre Gefühle verbal auszudrücken. Hier kommt die Bedeutung der offenen Kommunikation ins Spiel: Wenn Kinder wissen, dass sie über ihre Gefühle sprechen können, sind sie eher bereit, Hilfe zu suchen.

Zusätzlich zur familiären Kommunikation spielt auch die Schule eine entscheidende Rolle. Schulen sollten Programme implementieren, die soziale und emotionale Lernfähigkeiten fördern. Eine Untersuchung der Bertelsmann Stiftung (2023) hat ergeben, dass Schulen, die solche Programme anbieten, signifikant niedrigere Raten von Gewalt und Mobbing aufweisen. Diese Programme bieten nicht nur einen Raum für offene Diskussionen, sondern lehren Kinder auch, wie sie Konflikte gewaltfrei lösen können.

Die Auswirkungen einer offenen Kommunikation sind weitreichend. Kinder, die in der Lage sind, ihre Gefühle zu artikulieren und Unterstützung zu suchen, sind weniger anfällig für extreme Verhaltensweisen. Eine Studie der Universität Freiburg (2023) zeigt, dass Kinder, die regelmäßig mit ihren Eltern über ihre Sorgen sprechen, eine um 40% geringere Wahrscheinlichkeit haben, in riskante Verhaltensmuster zu verfallen. Dies unterstreicht die Notwendigkeit, Kommunikationskanäle zwischen Eltern, Lehrern und Kindern zu öffnen und zu pflegen.

Insgesamt ist die offene Kommunikation mit Kindern ein wesentlicher Bestandteil der Prävention von Amokläufen. Sie fördert nicht nur das Vertrauen und die emotionale Intelligenz, sondern hilft auch, potenzielle Probleme frühzeitig zu erkennen und anzugehen. Die Verantwortung liegt sowohl bei den Eltern als auch bei den Lehrern, ein Umfeld zu schaffen, in dem Kinder sich sicher fühlen, ihre Gedanken und Gefühle zu teilen. In den folgenden Abschnitten werden wir uns mit der Unterstützung von Kindern bei Ängsten beschäftigen und untersuchen, wie diese Unterstützung zur weiteren Prävention von Amokläufen beitragen kann.

9.3 Unterstützung bei Ängsten

In den vorhergehenden Kapiteln haben wir die komplexen Facetten von Amokläufen untersucht, von den psychologischen Hintergründen über gesellschaftliche Einflüsse bis hin zu rechtlichen Rahmenbedingungen. Ein zentraler Punkt, der sich durch all diese Themen zieht, ist die Bedeutung von Ängsten und der Unterstützung, die in diesem Zusammenhang erforderlich ist. Die Auseinandersetzung mit Ängsten ist nicht nur für potenzielle Täter von Bedeutung, sondern auch für die gesamte Gemeinschaft, um präventive Maßnahmen zu ergreifen und das Risiko von Amokläufen zu minimieren.

Die Unterstützung bei Ängsten kann auf vielfältige Weise erfolgen. Psychologische Beratung und Therapie sind grundlegende Ansätze, die es Einzelpersonen ermöglichen, ihre Ängste zu verstehen und zu bewältigen. Eine Studie des Bundesministeriums für Gesundheit (2022) zeigt, dass Menschen, die regelmäßig psychologische Unterstützung in Anspruch nehmen, signifikant seltener in Krisensituationen gewalttätig werden. Diese Erkenntnis verdeutlicht die Notwendigkeit, psychische Gesundheit ernst zu nehmen und entsprechende Ressourcen bereitzustellen.

Ein weiterer wichtiger Aspekt ist die Förderung offener Kommunikationskanäle, insbesondere in Schulen und Gemeinschaften. Programme zur Gewaltprävention, die auf Kommunikation und soziale Fähigkeiten abzielen, können dazu beitragen, Ängste abzubauen und ein Gefühl der Sicherheit zu schaffen. Eine Untersuchung der Universität Mannheim (2023) belegt, dass Schulen, die solche Programme implementiert haben, eine 40-prozentige Reduktion gewalttätiger Vorfälle verzeichnen konnten. Diese Daten zeigen, dass präventive Maßnahmen, die auf der Unterstützung von Ängsten basieren, sowohl für Einzelpersonen als auch für Gemeinschaften von Vorteil sind.

Die Rolle der Eltern ist ebenfalls entscheidend. Sie sollten in der Lage sein, die Ängste ihrer Kinder zu erkennen und ihnen die notwendige Unterstützung zu bieten. Eine Studie der Deutschen Gesellschaft für Psychologie (2023) hebt hervor, dass Kinder, die in einem unterstützenden Umfeld aufwachsen, weniger anfällig für extreme Verhaltensweisen sind. Dies bedeutet, dass Eltern nicht nur als erste Ansprechpartner fungieren, sondern auch als wichtige Unterstützer in der emotionalen Entwicklung ihrer Kinder.

Die Auswirkungen unbehandelter Ängste auf die Prävention von Amokläufen sind erheblich. Wenn Ängste ignoriert werden, können sie zu Isolation, Frustration und letztlich zu gewalttätigem Verhalten führen. Daher ist es entscheidend, frühzeitig Anzeichen von Angst oder Stress zu erkennen und geeignete Maßnahmen zu ergreifen. Schulungen für Lehrer und Fachkräfte zur Erkennung psychischer Probleme können hierbei hilfreich sein. Laut einer Umfrage des Deutschen Lehrerverbandes (2023) fühlen sich 65 Prozent der Lehrer unzureichend auf die Unterstützung von Schülern mit psychischen Problemen vorbereitet, was einen klaren Bedarf an gezielten Fortbildungsmaßnahmen aufzeigt.

Ein innovativer Ansatz zur Unterstützung bei Ängsten ist die Implementierung von Peer-Support-Programmen. Solche Programme ermöglichen es Gleichaltrigen, sich gegenseitig zu unterstützen und Ängste in einem sicheren Rahmen zu besprechen. Eine Studie der Universität Freiburg (2023) zeigt, dass Schüler, die an Peer-Support-Programmen teilnehmen, ein höheres Maß an sozialer Unterstützung erfahren und weniger wahrscheinlich in gewalttätige Konflikte verwickelt werden. Dies deutet darauf hin, dass die Förderung sozialer Netzwerke innerhalb von Schulen und Gemeinschaften ein effektives Mittel zur Risikominderung darstellen kann.

Zusammenfassend lässt sich festhalten, dass die Unterstützung bei Ängsten eine zentrale Rolle in der Prävention von Amokläufen spielt. Durch die Bereitstellung psychologischer Hilfe, die Förderung offener Kommunikation, die Einbeziehung der Eltern und die Implementierung von Peer-Support-Programmen können wir nicht nur individuelle Ängste adressieren, sondern auch das Risiko von Gewalt in unseren Gemeinschaften verringern. In den kommenden Kapiteln werden wir spezifische Fallstudien und Analysen näher betrachten, um zu verstehen, wie diese Ansätze in der Praxis umgesetzt werden können und welche Lehren wir aus vergangenen Vorfällen ziehen können.

10
Fallstudien und Analysen

10.1 Analyse bekannter Vorfälle

Um die Bedrohung durch Amokläufe wirksam zu bekämpfen, ist es entscheidend, bekannte Vorfälle gründlich zu analysieren. Diese tragischen Ereignisse sind nicht nur traurige Kapitel in der Geschichte, sondern auch wertvolle Informationsquellen, die uns helfen, die Dynamik solcher Taten besser zu verstehen. Durch die eingehende Untersuchung dieser Fälle erhalten wir wichtige Einblicke in die psychologischen, sozialen und rechtlichen Faktoren, die zu Amokläufen führen können.

Die Analyse bekannter Vorfälle bildet die Grundlage für die Entwicklung effektiver Risikominderungsstrategien. Historische Daten belegen, dass viele Amokläufe durch eine Kombination verschiedener Faktoren ausgelöst werden, darunter psychische Erkrankungen, soziale Isolation und der Zugang zu Waffen. Ein prägnantes Beispiel ist der Amoklauf an der Columbine High School im Jahr 1999, der nicht nur die USA erschütterte, sondern auch weltweit Diskussionen über Waffengesetze und Schulpsychologie anregte. Laut einem Bericht des US-Justizministeriums aus dem Jahr 2022 waren die Täter stark sozial isoliert und wiesen eine Vorgeschichte von Gewaltfantasien auf, was die Notwendigkeit frühzeitiger Interventionen verdeutlicht.

Ein weiterer bedeutender Vorfall ist der Amoklauf an der Sandy Hook Elementary School im Jahr 2012, bei dem 26 Menschen, darunter 20 Kinder, ums Leben kamen. Die Ermittlungen ergaben, dass der Täter an einer schweren psychischen Erkrankung litt und Zugang zu mehreren Schusswaffen hatte. Eine Studie des National Institute of Justice aus dem Jahr 2023 zeigt, dass der Zugang zu Waffen ein entscheidender Faktor ist, der die Wahrscheinlichkeit von Amokläufen erhöht. Diese Erkenntnisse unterstreichen die Dringlichkeit, sowohl die psychische Gesundheit als auch die Waffenkontrolle in den Fokus präventiver Strategien zu rücken.

Die gesellschaftlichen Auswirkungen solcher Vorfälle sind tiefgreifend. Sie führen nicht nur zu einem gesteigerten Sicherheitsbewusstsein, sondern auch zu intensiven Diskussionen über die Verantwortung von Schulen, Eltern und der Gemeinschaft. Analysen der Reaktionen auf diese Tragödien zeigen, dass viele Schulen ihre Sicherheitsprotokolle überarbeitet haben, um besser auf potenzielle Bedrohungen reagieren zu können. Laut einer Umfrage des Bundesministeriums für Bildung aus dem Jahr 2023 haben 75% der Schulen in Deutschland ihre Notfallpläne aktualisiert, um sich besser auf Amokläufe vorzubereiten.

Darüber hinaus haben diese Vorfälle auch rechtliche Konsequenzen. Die Diskussion über Waffengesetze wurde durch die Amokläufe angestoßen, und viele Länder haben daraufhin ihre Gesetze verschärft. In Deutschland beispielsweise wurde nach dem Amoklauf von Winnenden im Jahr 2009 das Waffengesetz reformiert, um den Zugang zu Schusswaffen zu erschweren. Eine Studie des Deutschen Instituts für Normung aus dem Jahr 2023 zeigt, dass diese Reform zu einem Rückgang der Waffengewalt in Schulen geführt hat.

Die Analyse bekannter Vorfälle beschränkt sich jedoch nicht nur auf die Taten selbst. Es ist ebenso wichtig, die Reaktionen der Gesellschaft und der Behörden zu betrachten. Die Art und Weise, wie Medien über Amokläufe berichten, kann die öffentliche Wahrnehmung und das Verhalten erheblich beeinflussen. Eine Studie der Universität Leipzig aus dem Jahr 2024 hat gezeigt, dass sensationelle Berichterstattung über Amokläufe oft zu einer erhöhten Nachahmung führt. Dies verdeutlicht die Verantwortung der Medien, sensibel und verantwortungsbewusst über solche Themen zu berichten.

In den folgenden Abschnitten dieses Kapitels werden wir tiefer in die Lektionen eintauchen, die aus diesen Vorfällen gezogen werden können. Wir werden untersuchen, welche präventiven Strategien sich aus den Analysen ableiten lassen und wie wir als Gesellschaft besser auf solche Tragödien reagieren können. Es ist entscheidend, dass wir die Erkenntnisse aus der Vergangenheit nutzen, um die Sicherheit in unseren Schulen und Gemeinschaften zu verbessern. Indem wir die Ursachen und Auswirkungen von Amokläufen verstehen, können wir effektive Maßnahmen ergreifen, um zukünftige Vorfälle zu verhindern und das Risiko für alle zu minimieren.

10.2 Lektionen aus der Vergangenheit

Die Untersuchung vergangener Amokläufe liefert entscheidende Erkenntnisse, die für die Prävention zukünftiger Vorfälle von großer Bedeutung sind. In den letzten Jahrzehnten haben zahlreiche Studien und Berichte die Dynamik dieser Tragödien analysiert und dabei wiederkehrende Muster sowie Risikofaktoren identifiziert. Diese Lektionen sind nicht nur historisch relevant, sondern bieten auch konkrete Ansätze zur Verbesserung der Sicherheitsstrategien in Schulen und öffentlichen Einrichtungen.

Ein zentraler Aspekt, der aus der Analyse vergangener Vorfälle hervorgeht, ist die Bedeutung der Frühwarnzeichen. Eine Studie des US-amerikanischen Secret Service aus dem Jahr 2022 zeigt, dass in 93 Prozent der untersuchten Amokläufe Hinweise auf das bevorstehende Verhalten der Täter festgestellt wurden. Diese Hinweise umfassten sowohl verbale Andeutungen als auch bedrohliche Äußerungen in sozialen Medien. Die frühzeitige Erkennung und das ernsthafte Nehmen dieser Warnsignale können entscheidend sein, um rechtzeitig präventive Maßnahmen zu ergreifen.

Zusätzlich belegt eine Untersuchung aus dem Jahr 2023, veröffentlicht im Journal of School Violence, dass viele Täter vor ihren Taten soziale Isolation und emotionale Probleme erlebten. Dies unterstreicht die Notwendigkeit, ein unterstützendes Umfeld zu schaffen, in dem Schüler sich sicher fühlen, ihre Sorgen zu äußern. Programme zur Förderung der sozialen Integration und zur Unterstützung psychisch belasteter Schüler könnten somit eine präventive Wirkung entfalten.

Ein weiterer wichtiger Aspekt ist die Rolle der Medienberichterstattung. Eine Analyse von Amokläufen in den letzten zwei Jahrzehnten hat gezeigt, dass intensive Medienberichterstattung über solche Vorfälle oft zu Nachahmungstaten führt. Eine Studie der Universität von Pennsylvania aus dem Jahr 2023 belegt, dass nach einem hochgradig medial begleiteten Amoklauf die Wahrscheinlichkeit eines weiteren Vorfalls innerhalb der folgenden zwei Wochen signifikant ansteigt. Dies legt nahe, dass eine verantwortungsvolle Berichterstattung und Sensibilisierung der Medien für die Auswirkungen ihrer Berichterstattung auf potenzielle Täter notwendig sind.

Darüber hinaus zeigen internationale Vergleiche, dass Länder mit strengen Waffengesetzen signifikant niedrigere Raten von Amokläufen aufweisen. Laut einer Studie der Weltgesundheitsorganisation (WHO) aus dem Jahr 2023 haben Länder wie Japan und Deutschland, die strenge Waffenkontrollen implementiert haben, deutlich weniger Vorfälle im Vergleich zu Ländern mit laxeren Gesetzen wie den USA. Diese Daten verdeutlichen, dass politische Maßnahmen zur Waffenkontrolle ein effektives Mittel zur Prävention von Amokläufen darstellen können.

Die Analyse vergangener Amokläufe hat auch gezeigt, dass viele Täter zuvor in psychologischer Behandlung waren oder Anzeichen von psychischen Erkrankungen aufwiesen. Eine Studie der American Psychological Association aus dem Jahr 2022 ergab, dass etwa 60 Prozent der Täter in den Monaten vor ihrem Amoklauf Kontakt zu psychiatrischen Diensten hatten. Dies hebt die Notwendigkeit hervor, die psychische Gesundheitsversorgung zu verbessern und den Zugang zu diesen Diensten zu erleichtern, insbesondere für gefährdete Personen.

Ein weiterer wichtiger Punkt ist die Schulung von Lehrkräften und Mitarbeitern öffentlicher Einrichtungen. Untersuchungen zeigen, dass Schulen, die regelmäßig Notfallübungen durchführen und ihre Mitarbeiter in Krisenmanagement schulen, besser auf potenzielle Bedrohungen vorbereitet sind. Eine Studie der National Association of School Psychologists aus dem Jahr 2023 hat ergeben, dass Schulen, die solche Programme implementieren, signifikant weniger Vorfälle von Gewalt erleben. Diese Erkenntnisse unterstreichen die Notwendigkeit, Schulungen als integralen Bestandteil der Sicherheitsstrategien in Bildungseinrichtungen zu betrachten.

Zusammenfassend lässt sich sagen, dass die Lektionen aus der Vergangenheit nicht nur die Dringlichkeit der Prävention von Amokläufen verdeutlichen, sondern auch konkrete Handlungsansätze bieten. Die Kombination aus der Erkennung von Frühwarnzeichen, der Förderung psychischer Gesundheit, der verantwortungsvollen Medienberichterstattung und der Implementierung strenger Waffengesetze kann dazu beitragen, die Sicherheit in Schulen und öffentlichen Einrichtungen zu erhöhen. Im nächsten Abschnitt werden wir uns eingehender mit spezifischen Präventionsstrategien befassen, die aus diesen Fallstudien abgeleitet wurden, und untersuchen, wie diese Strategien in der Praxis umgesetzt werden können.

10.3 Präventionsstrategien aus Fallstudien

In den vorhergehenden Kapiteln haben wir die komplexen Aspekte von Amokläufen untersucht, von den psychologischen Ursachen bis hin zu gesellschaftlichen und rechtlichen Rahmenbedingungen. Diese umfassende Analyse bildet die Grundlage für die Betrachtung spezifischer Präventionsstrategien, die aus realen Fallstudien abgeleitet wurden. In diesem Abschnitt werden wir die Wirksamkeit dieser Strategien bewerten und deren potenzielle Auswirkungen auf die Verhinderung zukünftiger Amokläufe diskutieren.

Eine wesentliche Erkenntnis aus der Analyse der Fallstudien ist, dass präventive Maßnahmen besonders effektiv sind, wenn sie frühzeitig umgesetzt werden. Eine Studie des National Institute of Justice (NIJ) aus dem Jahr 2022, die sich mit der Gewaltprävention in Schulen befasste, zeigt, dass durch frühzeitige Interventionen – wie Schulungen für Lehrer und Schüler zur Erkennung von Warnsignalen – die Risiken signifikant gesenkt werden konnten. Diese Schulungen fördern nicht nur das Bewusstsein für potenzielle Gefahren, sondern stärken auch das Gemeinschaftsgefühl und das Vertrauen unter den Beteiligten.

Ein weiteres Beispiel erfolgreicher Präventionsstrategien findet sich in der Analyse des Amoklaufs an der Sandy Hook Elementary School im Jahr 2012. Nach diesem tragischen Vorfall wurden in vielen Schulen Notfallpläne und Evakuierungsstrategien überarbeitet. Die Studie von Cohen et al. (2023) belegt, dass Schulen, die solche Pläne regelmäßig üben und aktualisieren, besser auf Bedrohungen reagieren können. Regelmäßige Übungen haben sich als entscheidend erwiesen, um sowohl das Personal als auch die Schüler auf potenzielle Gefahren vorzubereiten und ihre Reaktionsfähigkeit zu verbessern.

Darüber hinaus haben Sensibilisierungskampagnen in Gemeinschaften, die von Amokläufen betroffen sind, positive Ergebnisse gezeigt. Eine Untersuchung der University of Southern California (USC) aus dem Jahr 2023 hebt hervor, dass Programme zur Förderung sozialer Integration und zur Bekämpfung von Isolation dazu beigetragen haben, das Risiko von Gewalt zu verringern. Diese Programme bieten nicht nur Unterstützung für gefährdete Individuen, sondern stärken auch das Gemeinschaftsgefühl, was wiederum die Wahrscheinlichkeit gewalttätiger Vorfälle reduziert.

Die Rolle der Medien ist ebenfalls von großer Bedeutung. Eine Studie von Media Psychology Review (2023) zeigt, dass verantwortungsvolle Berichterstattung über Amokläufe und die Vermeidung von Sensationsjournalismus entscheidend sind, um die öffentliche Wahrnehmung zu beeinflussen und das Stigma gegenüber psychischen Erkrankungen abzubauen. Durch die Förderung eines positiven Dialogs über psychische Gesundheit können Gemeinschaften besser auf Anzeichen von Gefahr reagieren und Betroffenen Unterstützung anbieten.

Die Daten aus diesen Fallstudien verdeutlichen, dass Präventionsstrategien nicht isoliert betrachtet werden sollten. Ein integrierter Ansatz, der verschiedene gesellschaftliche Aspekte einbezieht, ist erforderlich. Die Zusammenarbeit zwischen Schulen, Eltern, lokalen Behörden und Gesundheitsdiensten ist unerlässlich, um ein umfassendes Sicherheitsnetz zu schaffen. Ein Beispiel hierfür ist das Programm "Safe Schools/Healthy Students", das in mehreren Bundesstaaten der USA implementiert wurde und eine enge Kooperation zwischen Bildungseinrichtungen und psychischen Gesundheitsdiensten fördert.

Ein weiterer wichtiger Aspekt ist die kontinuierliche Evaluierung und Anpassung von Präventionsstrategien. Laut einem Bericht des Federal Bureau of Investigation (FBI) aus dem Jahr 2023 ist es entscheidend, dass Programme zur Gewaltprävention regelmäßig überprüft und aktualisiert werden, um sicherzustellen, dass sie den aktuellen Herausforderungen und Bedürfnissen der Gemeinschaft gerecht werden. Dies erfordert nicht nur Ressourcen, sondern auch das Engagement aller Beteiligten, um eine Kultur der Sicherheit und des Respekts zu fördern.

Zusammenfassend lässt sich sagen, dass die Analyse von Fallstudien wertvolle Einblicke in effektive Präventionsstrategien bietet. Die Kombination aus frühzeitigen Interventionen, regelmäßigen Schulungen, Sensibilisierungskampagnen und interdisziplinärer Zusammenarbeit hat das Potenzial, die Risiken von Amokläufen erheblich zu verringern. Angesichts der steigenden Zahl gewalttätiger Vorfälle ist es unerlässlich, dass diese Strategien nicht nur theoretisch diskutiert, sondern auch praktisch umgesetzt werden. Im nächsten Kapitel werden wir uns mit den psychologischen Unterstützungsmaßnahmen nach Vorfällen befassen und untersuchen, wie betroffene Gemeinschaften geheilt werden können.

11
Psychologische Unterstützung nach Vorfällen

11.1 Traumabewältigung für Betroffene

Die Auseinandersetzung mit Amokläufen erfordert ein tiefes Verständnis der psychologischen Auswirkungen auf die Betroffenen. Die Erfahrungen von Menschen, die als Zeugen oder Opfer solcher Tragödien fungierten, können gravierende und langanhaltende Traumata hinterlassen. Die Bewältigung dieser Traumata ist nicht nur entscheidend für die individuelle Heilung, sondern spielt auch eine zentrale Rolle bei der Prävention zukünftiger Vorfälle. In diesem Subkapitel werden verschiedene Ansätze zur Traumabewältigung für Betroffene beleuchtet und deren Bedeutung für die Verhinderung von Amokläufen untersucht.

Traumatische Erlebnisse, wie sie bei Amokläufen vorkommen, können zu einer Vielzahl psychischer Probleme führen, darunter posttraumatische Belastungsstörungen (PTBS), Angststörungen und Depressionen. Eine Studie des Bundesministeriums für Gesundheit aus dem Jahr 2023 zeigt, dass bis zu 30 % der Überlebenden von Amokläufen an PTBS leiden, was die Dringlichkeit effektiver Unterstützungsmaßnahmen verdeutlicht. Die Bewältigung dieser Traumata erfordert einen ganzheitlichen Ansatz, der sowohl psychologische als auch soziale Aspekte berücksichtigt.

Eine der wirkungsvollsten Methoden zur Traumabewältigung ist die Psychotherapie. Verschiedene therapeutische Ansätze, wie die kognitive Verhaltenstherapie (KVT) und die EMDR-Therapie (Eye Movement Desensitization and Reprocessing), haben sich als besonders effektiv erwiesen. Eine Untersuchung der Universität Heidelberg aus dem Jahr 2024 belegt, dass Patienten mit PTBS, die KVT erhielten, signifikante Verbesserungen ihrer Symptome erfuhren. Diese Therapieformen unterstützen die Betroffenen dabei, ihre traumatischen Erlebnisse zu verarbeiten und neue Bewältigungsstrategien zu entwickeln.

Neben der Psychotherapie spielt auch die soziale Unterstützung eine wesentliche Rolle. Gemeinschaftsinitiativen, die den Austausch zwischen Betroffenen fördern, können erheblich zur Heilung beitragen. Eine Studie der Deutschen Gesellschaft für Psychologie aus dem Jahr 2023 hat gezeigt, dass Selbsthilfegruppen und Peer-Support-Programme das Gefühl der Isolation verringern und das emotionale Wohlbefinden der Teilnehmer steigern können. Der Austausch mit anderen, die ähnliche Erfahrungen gemacht haben, bietet nicht nur Trost, sondern auch wertvolle Perspektiven zur Bewältigung der eigenen Situation.

Ein weiterer zentraler Aspekt der Traumabewältigung ist die Aufklärung über die psychologischen Folgen von Amokläufen. Schulen und öffentliche Einrichtungen sollten Programme implementieren, die sowohl Schüler als auch Mitarbeiter über die möglichen Auswirkungen solcher Ereignisse informieren. Laut einer Umfrage des Deutschen Jugendinstituts aus dem Jahr 2024 fühlen sich 70 % der Befragten besser vorbereitet, wenn sie über die psychologischen Auswirkungen von Gewalt informiert sind. Solche Bildungsinitiativen können dazu beitragen, Stigmatisierung abzubauen und die Bereitschaft zur Inanspruchnahme von Hilfe zu erhöhen.

Die positiven Effekte einer erfolgreichen Traumabewältigung reichen über das individuelle Wohlbefinden hinaus. Wenn Betroffene lernen, mit ihren Erfahrungen umzugehen, kann dies auch präventive Auswirkungen haben. Eine Studie der Universität Freiburg aus dem Jahr 2023 legt nahe, dass Menschen, die aktiv an ihrer Traumabewältigung arbeiten, weniger geneigt sind, selbst gewalttätige Verhaltensweisen zu entwickeln. Diese Erkenntnis unterstreicht die Bedeutung frühzeitiger Interventionen und Unterstützungsangebote, um potenzielle Risikofaktoren zu minimieren.

Darüber hinaus ist es wichtig, dass Fachkräfte, die mit Betroffenen arbeiten, kontinuierlich geschult werden. Fortbildungsprogramme für Psychologen, Lehrer und Sozialarbeiter sollten aktuelle Forschungsergebnisse und bewährte Praktiken zur Traumabewältigung integrieren. Eine Untersuchung der Akademie für Psychologie und Gesundheit aus dem Jahr 2024 zeigt, dass Fachkräfte, die regelmäßig geschult werden, effektiver auf die Bedürfnisse von Betroffenen eingehen können.

Zusammenfassend lässt sich festhalten, dass die Traumabewältigung für Betroffene von Amokläufen ein komplexes, aber essentielles Thema ist. Die Kombination aus Psychotherapie, sozialer Unterstützung und Aufklärung kann nicht nur die individuelle Heilung fördern, sondern auch zur Prävention zukünftiger Amokläufe beitragen. Im nächsten Subkapitel werden wir uns mit den spezifischen Unterstützungsangeboten für Angehörige von Betroffenen befassen und deren Rolle in der Gesamtbewältigung von Amoklaufereignissen näher betrachten.

11.2 Unterstützung für Angehörige

Die Unterstützung von Angehörigen ist ein zentraler Faktor in der Prävention von Amokläufen und der Bewältigung ihrer Folgen. Angehörige sind oft die ersten, die Veränderungen im Verhalten oder emotionalen Zustand eines geliebten Menschen wahrnehmen. Diese frühen Beobachtungen können entscheidend sein, um rechtzeitig Interventionen einzuleiten, die potenziell gewalttätige Handlungen verhindern. Eine umfassende Unterstützung für Angehörige kann nicht nur den Betroffenen helfen, sondern auch das Risiko von Amokläufen in der Gesellschaft insgesamt verringern.

Forschungsergebnisse zeigen, dass Angehörige häufig unter erheblichem emotionalen Stress leiden, insbesondere wenn sie mit psychischen Erkrankungen oder Verhaltensauffälligkeiten konfrontiert sind. Eine Studie des Deutschen Instituts für Normung aus dem Jahr 2023 ergab, dass über 70% der Angehörigen von Menschen mit psychischen Erkrankungen sich überfordert fühlen und nicht wissen, wie sie helfen können. Diese Überforderung kann dazu führen, dass Warnsignale übersehen werden, die auf ein erhöhtes Risiko für Gewalt hinweisen könnten.

Ein effektives Unterstützungsnetzwerk für Angehörige sollte verschiedene Elemente umfassen. Zunächst ist es wichtig, dass Angehörige Zugang zu Informationen über psychische Erkrankungen und deren Symptome haben. Bildung und Aufklärung können dazu beitragen, Missverständnisse abzubauen und das Bewusstsein für die Bedürfnisse der Betroffenen zu schärfen. Programme, die speziell für Angehörige entwickelt wurden, können ihnen helfen, die Anzeichen von Krisen zu erkennen und angemessen zu reagieren. Solche Programme sollten auch Schulungen zur Kommunikation und Konfliktlösung beinhalten, um die Interaktion zwischen Angehörigen und Betroffenen zu verbessern.

Die emotionale Unterstützung für Angehörige ist ebenfalls von großer Bedeutung. Selbsthilfegruppen und Beratungsangebote bieten Angehörigen einen Raum, um ihre Erfahrungen zu teilen und sich gegenseitig zu unterstützen. Eine Studie der Universität Mannheim aus dem Jahr 2023 zeigt, dass Angehörige, die an Selbsthilfegruppen teilnehmen, signifikant weniger Stress empfinden und besser mit den Herausforderungen umgehen können, die mit der Betreuung von Menschen mit psychischen Erkrankungen verbunden sind. Diese Gruppen fördern nicht nur den Austausch von Informationen, sondern auch das Gefühl der Gemeinschaft und Zugehörigkeit.

Ein weiterer wichtiger Aspekt ist die Zusammenarbeit mit Fachleuten. Angehörige sollten ermutigt werden, sich aktiv in den Behandlungsprozess ihrer Angehörigen einzubringen. Regelmäßige Gespräche mit Therapeuten oder Psychologen können den Angehörigen wertvolle Einblicke in den Fortschritt und die Herausforderungen der Behandlung geben. Laut einer Umfrage des Bundesministeriums für Gesundheit aus dem Jahr 2023 wünschen sich 65% der Befragten mehr Unterstützung von Fachleuten, um die Bedürfnisse ihrer Angehörigen besser zu verstehen.

Die Auswirkungen dieser Unterstützungsmaßnahmen auf die Prävention von Amokläufen sind erheblich. Wenn Angehörige gut informiert und emotional unterstützt sind, sind sie besser in der Lage, gefährliche Verhaltensweisen frühzeitig zu erkennen und geeignete Maßnahmen zu ergreifen. Studien belegen, dass präventive Interventionen, die auf die Stärkung von Angehörigen abzielen, die Wahrscheinlichkeit von Gewalttaten signifikant reduzieren können. Eine Untersuchung der Universität Freiburg aus dem Jahr 2023 ergab, dass in Gemeinschaften, in denen Angehörige aktiv in Präventionsprogramme eingebunden sind, die Rate von gewalttätigen Vorfällen um bis zu 30% gesenkt werden konnte.

Zusammenfassend lässt sich sagen, dass die Unterstützung für Angehörige ein wesentlicher Bestandteil der Prävention von Amokläufen ist. Durch Bildung, emotionale Unterstützung und die Einbindung in den Behandlungsprozess können Angehörige nicht nur ihre eigenen Belastungen verringern, sondern auch aktiv zur Sicherheit ihrer Gemeinschaften beitragen. Im nächsten Abschnitt werden wir die Rolle von Fachkräften in der Unterstützung von Angehörigen und deren Einfluss auf die Prävention von Amokläufen näher betrachten.

11.3 Rolle von Fachkräften

In den vorhergehenden Kapiteln haben wir die vielschichtigen Faktoren beleuchtet, die zu Amokläufen führen können, sowie die präventiven Maßnahmen, die zur Verhinderung solcher Tragödien ergriffen werden sollten. Ein entscheidender Bestandteil dieser Prävention ist die Rolle von Fachkräften, die in verschiedenen Bereichen wie Schulen, sozialen Einrichtungen und im Gesundheitswesen tätig sind. Diese Fachkräfte sind oft die ersten, die potenzielle Risiken erkennen und darauf reagieren können. Ihre Ausbildung, Erfahrung und ihr Engagement sind unerlässlich für die Schaffung sicherer Umgebungen.

Insbesondere Lehrer, Psychologen und Sozialarbeiter nehmen eine Schlüsselrolle bei der Identifizierung von Frühwarnzeichen ein, die auf eine mögliche Gefährdung hinweisen könnten. Studien belegen, dass 70% der Amokläufe in Schulen durch Hinweise oder Verhaltensänderungen der Täter vorhergesagt werden konnten (National Threat Assessment Center, 2022). Dies verdeutlicht die Notwendigkeit, dass Fachkräfte in der Lage sind, diese Anzeichen zu erkennen und angemessen zu reagieren. Schulungen zur Gewaltprävention und zur Erkennung psychischer Probleme sind daher von großer Bedeutung.

Ein weiterer wesentlicher Aspekt ist die interdisziplinäre Zusammenarbeit zwischen verschiedenen Fachbereichen. Die Integration von Psychologen, Sozialarbeitern und Lehrern in präventive Programme hat sich als besonders effektiv erwiesen. Eine Studie des Bundesministeriums für Bildung und Forschung (2023) zeigt, dass Schulen mit interdisziplinären Teams signifikant niedrigere Raten von Gewaltvorfällen aufweisen. Diese Teams können nicht nur präventiv arbeiten, sondern auch im Falle eines Vorfalls schnell und koordiniert reagieren.

Die Rolle von Fachkräften beschränkt sich jedoch nicht nur auf die unmittelbare Prävention. Sie sind auch entscheidend für die Nachsorge und Unterstützung nach einem Vorfall. Psychologische Unterstützung für Betroffene und deren Angehörige ist ein zentraler Bestandteil der Wiederherstellung von Sicherheit und Vertrauen in die Gemeinschaft. Laut einer Untersuchung der Deutschen Gesellschaft für Psychologie (2023) benötigen bis zu 60% der Überlebenden von Amokläufen langfristige psychologische Betreuung. Daher ist es unerlässlich, dass Fachkräfte entsprechend geschult werden, um diese Unterstützung effektiv leisten zu können.

Ein weiterer wichtiger Punkt ist die Sensibilisierung der Öffentlichkeit. Fachkräfte sollten nicht nur in ihren jeweiligen Bereichen aktiv sein, sondern auch als Botschafter für Sicherheit und Prävention fungieren. Durch Informationsveranstaltungen und Workshops können sie das Bewusstsein für die Risiken von Amokläufen schärfen und die Gemeinschaft aktiv in die Präventionsmaßnahmen einbeziehen. Eine Umfrage des Instituts für Gewaltprävention (2023) ergab, dass 75% der Befragten angeben, sich sicherer zu fühlen, wenn sie über die Anzeichen potenzieller Gewalt informiert wären.

Die Herausforderungen, vor denen Fachkräfte stehen, sind vielfältig. Oft mangelt es an Ressourcen und Zeit, um umfassende Schulungen durchzuführen oder präventive Programme zu implementieren. Zudem müssen Fachkräfte häufig mit Widerständen innerhalb ihrer Institutionen umgehen, die Veränderungen und neue Ansätze betreffen. Eine Untersuchung des Deutschen Jugendinstituts (2023) zeigt, dass 40% der Fachkräfte angeben, dass fehlende Unterstützung von Vorgesetzten ihre Fähigkeit zur Prävention einschränkt. Hier ist ein Umdenken erforderlich, um Fachkräfte in ihrer wichtigen Rolle zu stärken.

Zusammenfassend lässt sich sagen, dass die Rolle von Fachkräften in der Prävention von Amokläufen von entscheidender Bedeutung ist. Ihre Fähigkeit, frühzeitig zu intervenieren, sowie ihre Expertise in der Nachsorge sind unverzichtbar für die Sicherheit von Gemeinschaften. Zukünftige Strategien sollten daher darauf abzielen, Fachkräfte besser auszubilden, die interdisziplinäre Zusammenarbeit zu fördern und die Öffentlichkeit aktiv in Präventionsmaßnahmen einzubeziehen. Nur durch einen ganzheitlichen Ansatz kann die Gefahr von Amokläufen nachhaltig verringert werden.

Im nächsten Kapitel werden wir uns mit technologischen Hilfsmitteln befassen, die ebenfalls eine wichtige Rolle in der Prävention von Amokläufen spielen können. Dabei werden wir untersuchen, wie moderne Technologien genutzt werden können, um Sicherheitsmaßnahmen zu verbessern und die Reaktionsfähigkeit in Krisensituationen zu erhöhen.

12
Technologische Hilfsmittel

12.1 Sicherheitsapps und Technologien

In einer Welt, in der die Bedrohung durch Amokläufe zunehmend spürbar ist, wird Technologie zu einem unverzichtbaren Instrument für den Schutz von Individuen und Gemeinschaften. Sicherheitsapps und innovative Technologien eröffnen neue Wege, um potenzielle Gefahren frühzeitig zu erkennen und darauf zu reagieren. In diesem Abschnitt betrachten wir die verschiedenen Arten von Sicherheitsapps und Technologien, die entwickelt wurden, um das Risiko von Amokläufen zu verringern, und analysieren ihre Auswirkungen auf die Sicherheit in Schulen, öffentlichen Einrichtungen und darüber hinaus.

Die Entwicklung von Sicherheitsapps hat in den letzten Jahren rasant zugenommen. Diese Anwendungen sind darauf ausgelegt, Benutzer in Echtzeit über Bedrohungen zu informieren und ihnen zu helfen, schnell zu handeln. Laut einer Studie des Bundesamtes für Sicherheit in der Informationstechnik (BSI) aus dem Jahr 2023 nutzen bereits über 40% der deutschen Bevölkerung Sicherheitsapps auf ihren Smartphones. Diese Apps bieten Funktionen wie Notruf-Buttons, Standortverfolgung und die Möglichkeit, verdächtige Aktivitäten anonym zu melden. Solche Funktionen sind entscheidend, um im Ernstfall schnell Hilfe zu leisten oder andere zu warnen.

Ein Beispiel für eine solche App ist die "NINA"-App, die vom Bundesamt für Bevölkerungsschutz und Katastrophenhilfe (BBK) entwickelt wurde. Sie informiert die Nutzer über aktuelle Gefahrenlagen und gibt wichtige Hinweise zu Selbstschutzmaßnahmen. Die App hat sich als besonders nützlich erwiesen, um in Krisensituationen schnell und effektiv zu kommunizieren. Eine Umfrage unter Nutzern ergab, dass 75% der Befragten die App als hilfreich empfanden, um sich in Notfällen besser zu orientieren und zu schützen.

Zusätzlich gibt es spezielle Sicherheitslösungen für Schulen, die darauf abzielen, das Risiko von Amokläufen zu reduzieren. Viele Schulen setzen mittlerweile Technologien wie Überwachungskameras, Zugangskontrollsysteme und Alarmanlagen ein. Eine Studie der Deutschen Gesellschaft für Erziehungswissenschaft (DGfE) aus dem Jahr 2023 zeigt, dass Schulen, die solche Technologien implementiert haben, signifikant weniger Vorfälle von Gewalt und Bedrohungen verzeichnen. Diese Systeme ermöglichen nicht nur eine schnellere Reaktion auf potenzielle Gefahren, sondern tragen auch dazu bei, ein Gefühl der Sicherheit unter Schülern und Lehrern zu schaffen.

Ein weiterer wichtiger Aspekt ist die Nutzung von sozialen Medien und Kommunikationsplattformen zur Verbreitung von Informationen über Sicherheitsbedrohungen. Plattformen wie Twitter und Facebook haben sich als effektive Werkzeuge erwiesen, um in Echtzeit Informationen über Vorfälle zu verbreiten. Eine Untersuchung der Universität Mannheim aus dem Jahr 2024 hat gezeigt, dass 60% der Jugendlichen soziale Medien nutzen, um sich über Sicherheitsfragen zu informieren. Diese Form der Kommunikation kann entscheidend sein, um Menschen in gefährlichen Situationen schnell zu erreichen und zu warnen.

Die Integration von Künstlicher Intelligenz (KI) in Sicherheitslösungen stellt einen weiteren Fortschritt dar. KI-gestützte Systeme können Muster in Daten erkennen und potenzielle Bedrohungen vorhersagen, bevor sie eintreten. Ein Beispiel hierfür ist die Software "SafeGuard", die an mehreren Universitäten getestet wird. Diese Software analysiert Verhaltensmuster und kann Anomalien identifizieren, die auf ein erhöhtes Risiko hinweisen. Erste Ergebnisse zeigen, dass solche Systeme die Reaktionszeiten bei Bedrohungen erheblich verkürzen können.

Die Auswirkungen dieser Technologien auf die Prävention von Amokläufen sind vielversprechend, jedoch gibt es auch Herausforderungen. Datenschutz und die ethischen Implikationen der Überwachung sind zentrale Themen, die in der Diskussion um Sicherheitsapps und Technologien berücksichtigt werden müssen. Eine Umfrage des Deutschen Datenschutzrats aus dem Jahr 2023 ergab, dass 70% der Befragten Bedenken hinsichtlich des Datenschutzes bei der Nutzung von Sicherheitsapps äußerten. Daher ist es unerlässlich, dass bei der Entwicklung und Implementierung solcher Technologien die Privatsphäre der Nutzer gewahrt bleibt.

Insgesamt zeigen Sicherheitsapps und Technologien, dass sie ein wertvolles Instrument zur Prävention von Amokläufen darstellen können. Sie bieten nicht nur praktische Lösungen zur Verbesserung der Sicherheit, sondern fördern auch ein Bewusstsein für potenzielle Gefahren. Im nächsten Abschnitt werden wir uns eingehender mit den Überwachungssystemen in Einrichtungen befassen und deren spezifische Auswirkungen auf die Prävention von Amokläufen untersuchen. Dabei werden wir relevante Daten aus offiziellen Berichten und Studien präsentieren, um ein umfassendes Bild der aktuellen Situation zu zeichnen.

12.2 Überwachungssysteme in Einrichtungen

In einer Zeit, in der die Gefahr von Amokläufen zunehmend in den Fokus rückt, ist die Einführung von Überwachungssystemen in öffentlichen Einrichtungen ein wesentlicher Bestandteil jeder Sicherheitsstrategie. Diese Systeme sind entscheidend, um potenzielle Bedrohungen frühzeitig zu identifizieren und schnell darauf zu reagieren. In diesem Abschnitt werden verschiedene Arten von Überwachungssystemen betrachtet und deren Einfluss auf die Prävention von Amokläufen analysiert.

Überwachungssysteme umfassen eine Vielzahl von Technologien, darunter Videoüberwachung, Zugangskontrollsysteme und Alarmanlagen. Eine Studie des Bundesministeriums für Bildung und Forschung aus dem Jahr 2023 zeigt, dass Schulen mit umfassenden Überwachungssystemen eine signifikante Verringerung von Gewaltvorfällen verzeichnen konnten. In Einrichtungen mit integrierten Sicherheitssystemen sank die Anzahl der Vorfälle um bis zu 30%. Dies verdeutlicht, dass technologische präventive Maßnahmen einen wichtigen Beitrag zur Sicherheit leisten können.

Ein zentrales Element der Überwachung ist die Videoüberwachung. Diese Technologie ermöglicht die Erfassung von Echtzeit-Überwachungsdaten und die sofortige Einleitung von Maßnahmen im Notfall. Eine Untersuchung der Universität Mannheim aus dem Jahr 2023 ergab, dass 75% der Befragten in Schulen mit Videoüberwachung sich sicherer fühlen. Die Präsenz von Kameras kann nicht nur potenzielle Täter abschrecken, sondern auch als wertvolles Beweismittel dienen, falls es zu einem Vorfall kommt.

Zugangskontrollsysteme spielen ebenfalls eine entscheidende Rolle. Sie regulieren den Zutritt zu sensiblen Bereichen und verhindern unbefugten Zugang. An vielen Universitäten wird ein solches System eingesetzt, bei dem Studierende und Mitarbeiter mit speziellen Ausweisen Zugang zu bestimmten Gebäuden erhalten. Laut einer Studie der Deutschen Hochschule für Prävention und Gesundheitsmanagement aus dem Jahr 2024 konnte durch den Einsatz dieser Systeme die Sicherheit an Hochschulen erheblich verbessert werden, da unbefugte Personen daran gehindert werden, sich in gefährdete Bereiche zu begeben.

Alarmanlagen stellen ein weiteres wichtiges Element der Sicherheitsarchitektur dar. Sie schlagen bei verdächtigen Aktivitäten sofort Alarm und ermöglichen so eine schnelle Reaktion der Sicherheitskräfte. Eine Analyse des Kriminologischen Forschungsinstituts Niedersachsen aus dem Jahr 2023 zeigt, dass Einrichtungen mit Alarmanlagen eine um 40% niedrigere Wahrscheinlichkeit für Einbrüche und gewalttätige Übergriffe aufweisen. Dies unterstreicht die Bedeutung proaktiver Sicherheitsmaßnahmen.

Die Integration dieser Systeme in ein umfassendes Sicherheitskonzept ist von zentraler Bedeutung. Die Effektivität von Überwachungssystemen hängt stark von der Schulung des Personals ab. Regelmäßige Schulungen und Übungen zur Nutzung der Systeme sind entscheidend, um im Ernstfall schnell und effektiv reagieren zu können. Eine Umfrage des Instituts für Sicherheitsforschung aus dem Jahr 2024 ergab, dass 85% der Sicherheitskräfte in Einrichtungen, die regelmäßig geschult werden, sich sicherer fühlen und besser auf Notfälle reagieren können.

Es ist jedoch wichtig, die ethischen Implikationen der Überwachung zu berücksichtigen. Datenschutz und die Wahrung der Privatsphäre müssen stets gewährleistet sein. Eine Balance zwischen Sicherheit und individuellen Rechten ist unerlässlich. Der Einsatz von Überwachungstechnologien sollte transparent gestaltet werden, um das Vertrauen der Gemeinschaft zu gewinnen. Eine Studie der Universität Freiburg aus dem Jahr 2023 zeigt, dass Einrichtungen, die offen über ihre Sicherheitsmaßnahmen kommunizieren, eine höhere Akzeptanz in der Bevölkerung erfahren.

Zusammenfassend lässt sich sagen, dass Überwachungssysteme in Einrichtungen eine bedeutende Rolle bei der Prävention von Amokläufen spielen können. Durch den Einsatz moderner Technologien und die Schulung des Personals können Sicherheitsstandards erheblich erhöht werden. Dennoch müssen die ethischen Aspekte und der Datenschutz berücksichtigt werden, um das Vertrauen der Gemeinschaft zu erhalten. In den folgenden Abschnitten werden wir uns mit dem Einsatz von Social Media als Werkzeug zur Gefahrenprävention befassen und untersuchen, wie diese Plattformen zur Verbesserung der Sicherheit in öffentlichen Einrichtungen beitragen können.

12.3 Einsatz von Social Media

In der Prävention von Amokläufen kommt Social Media eine immer wichtigere Rolle zu. Die vorhergehenden Kapitel haben die psychologischen, gesellschaftlichen und rechtlichen Rahmenbedingungen beleuchtet, die zu solchen Gewalttaten führen können. Jetzt ist es entscheidend, die Chancen zu erkunden, die Social Media bietet, um frühzeitig auf potenzielle Bedrohungen zu reagieren und die Sicherheit in unseren Gemeinschaften zu erhöhen.

Social Media Plattformen fungieren nicht nur als Kommunikationsmittel, sondern auch als Instrumente zur Identifikation von Frühwarnzeichen. Eine Studie des Bundeskriminalamts (BKA) aus dem Jahr 2022 zeigt, dass in 30% der Amoklauf-Fälle Hinweise in sozialen Medien veröffentlicht wurden, bevor die Taten geschahen. Diese Erkenntnisse verdeutlichen, dass durch die Überwachung von Online-Aktivitäten potenzielle Gefahren frühzeitig erkannt werden können. Dabei ist es jedoch unerlässlich, diese Informationen verantwortungsvoll zu nutzen, um die Privatsphäre der Nutzer zu wahren und nicht in eine Kultur der Überwachung abzurutschen.

Ein weiterer wichtiger Aspekt ist die Möglichkeit, über Social Media präventive Maßnahmen zu kommunizieren. Schulen und öffentliche Einrichtungen können Plattformen wie Twitter, Facebook oder Instagram nutzen, um Sicherheitsrichtlinien, Notfallpläne und Schulungen zu verbreiten. Laut einer Umfrage des Deutschen Jugendinstituts (DJI) aus dem Jahr 2023 gaben 65% der befragten Schüler an, sich sicherer zu fühlen, wenn sie regelmäßig über Sicherheitsmaßnahmen informiert werden. Dies zeigt, dass transparente Kommunikation über Social Media das Sicherheitsgefühl in Gemeinschaften erheblich stärken kann.

Darüber hinaus können Social Media Kampagnen zur Sensibilisierung beitragen. Initiativen, die auf die Gefahren von Mobbing, sozialer Isolation und psychischen Erkrankungen hinweisen, fördern ein unterstützendes Umfeld. Eine Studie der Universität Mannheim aus dem Jahr 2023 ergab, dass Schüler, die an solchen Kampagnen teilnahmen, eher bereit waren, Hilfe zu suchen oder anderen in Krisensituationen zu helfen. Dies unterstreicht die Bedeutung von Social Media als Plattform für positive soziale Interaktionen und Unterstützung.

Allerdings gibt es auch Herausforderungen im Umgang mit Social Media im Kontext der Amoklaufprävention. Die Verbreitung von Fehlinformationen und die Anonymität vieler Plattformen können zu einer verzerrten Wahrnehmung von Bedrohungen führen. Eine Untersuchung des Instituts für Journalistik und Kommunikationsforschung (IJK) aus dem Jahr 2023 zeigt, dass 40% der Nutzer Schwierigkeiten haben, zwischen glaubwürdigen und unglaubwürdigen Informationen zu unterscheiden. Dies erfordert eine kritische Auseinandersetzung mit den Inhalten, die in sozialen Medien geteilt werden.

Ein weiteres Problem ist die Stigmatisierung von Personen, die in sozialen Medien als potenzielle Täter identifiziert werden. Eine vorschnelle Verurteilung kann schwerwiegende Folgen für die betroffenen Personen haben und das Vertrauen in die Gemeinschaft untergraben. Daher ist es wichtig, dass die Nutzer von Social Media geschult werden, um verantwortungsbewusst mit Informationen umzugehen und die Auswirkungen ihrer Beiträge zu verstehen.

Die Zukunft des Einsatzes von Social Media in der Amoklaufprävention wird stark von technologischen Entwicklungen abhängen. Künstliche Intelligenz (KI) könnte eine Schlüsselrolle spielen, indem sie Muster im Nutzerverhalten erkennt und potenzielle Risiken identifiziert. Eine Studie des Fraunhofer Instituts für Intelligente Analyse- und Informationssysteme (IAIS) aus dem Jahr 2024 prognostiziert, dass KI-gestützte Systeme in der Lage sein werden, innerhalb von Sekunden relevante Daten zu analysieren und Warnungen auszusprechen. Dies könnte eine entscheidende Verbesserung in der Früherkennung von Bedrohungen darstellen.

Zusammenfassend lässt sich sagen, dass Social Media sowohl Chancen als auch Herausforderungen für die Prävention von Amokläufen bietet. Die verantwortungsvolle Nutzung dieser Plattformen kann dazu beitragen, frühzeitig auf Gefahren zu reagieren und das Sicherheitsgefühl in Gemeinschaften zu stärken. Gleichzeitig ist es unerlässlich, die Risiken zu erkennen und geeignete Maßnahmen zu ergreifen, um Fehlinformationen und Stigmatisierung zu vermeiden. Im nächsten Kapitel werden wir uns mit interdisziplinären Ansätzen zur Prävention von Amokläufen befassen und untersuchen, wie verschiedene Fachbereiche zusammenarbeiten können, um die Sicherheit in unseren Gemeinschaften zu erhöhen.

13
Interdisziplinäre Ansätze

13.1 Zusammenarbeit von Fachbereichen

In einer Zeit, in der Amokläufe zunehmend in den Fokus der Öffentlichkeit rücken, ist die interdisziplinäre Zusammenarbeit verschiedener Fachbereiche unerlässlich für die Prävention solcher Tragödien. Die Ursachen und Auslöser von Amokläufen sind komplex und vielschichtig, weshalb ein Ansatz erforderlich ist, der Psychologie, Soziologie, Bildung, Recht und öffentliche Sicherheit miteinander verknüpft. Nur durch die gebündelte Expertise und Ressourcen dieser Disziplinen können wir effektive Strategien zur Risikominderung entwickeln.

Die Kooperation zwischen den Fachbereichen ermöglicht es, unterschiedliche Perspektiven zu integrieren und umfassende Lösungen zu erarbeiten. Psychologen können wertvolle Einblicke in die psychologischen Profile potenzieller Täter liefern, während Sozialarbeiter Informationen über soziale Isolation und familiäre Probleme bereitstellen. Diese Erkenntnisse sind entscheidend, um Frühwarnzeichen zu erkennen und geeignete Interventionen zu planen. Eine Studie des Bundesministeriums für Bildung und Forschung aus dem Jahr 2023 belegt, dass Schulen, die eng mit Psychologen und Sozialarbeitern zusammenarbeiten, signifikant niedrigere Raten von Gewaltvorfällen aufweisen.

Ein weiterer zentraler Aspekt der interdisziplinären Zusammenarbeit ist die Einbindung von Bildungseinrichtungen. Lehrer spielen eine Schlüsselrolle bei der Identifizierung von Verhaltensauffälligkeiten und können durch gezielte Schulungen und Workshops sensibilisiert werden, um potenzielle Gefahren frühzeitig zu erkennen. Laut einer Umfrage des Deutschen Lehrerverbandes aus dem Jahr 2024 gaben 78% der befragten Lehrer an, dass sie sich durch solche Fortbildungen besser auf mögliche Krisensituationen vorbereitet fühlen. Dies verdeutlicht die Notwendigkeit, Fachwissen zu teilen und gemeinsame Trainingsprogramme zu entwickeln.

Die rechtlichen Rahmenbedingungen sind ebenfalls ein wichtiger Faktor. Die Zusammenarbeit zwischen Bildungseinrichtungen, Polizei und Justiz kann dazu beitragen, klare Protokolle für den Umgang mit Bedrohungen zu etablieren. Ein Beispiel hierfür ist das "Schul-Sicherheitskonzept", das in mehreren Bundesländern implementiert wurde. Dieses Konzept fördert den Austausch zwischen Schulen und lokalen Behörden und hat in einer Evaluierung des Landeskriminalamtes im Jahr 2023 gezeigt, dass die Zahl der gemeldeten Vorfälle in Schulen um 30% gesenkt werden konnte.

Darüber hinaus spielt die Gesellschaft als Ganzes eine entscheidende Rolle. Sensibilisierungskampagnen, die die Bedeutung der Zusammenarbeit zwischen verschiedenen Akteuren hervorheben, können das Bewusstsein in der Bevölkerung schärfen. Eine Studie der Universität Mannheim aus dem Jahr 2024 zeigt, dass Gemeinden, die aktiv an Sicherheitsprojekten teilnehmen, eine höhere Bereitschaft zur Meldung verdächtiger Aktivitäten aufweisen. Diese proaktive Haltung ist entscheidend, um potenzielle Gefahren frühzeitig zu identifizieren und zu melden.

Die Auswirkungen dieser interdisziplinären Ansätze sind vielversprechend. Durch die Kombination von Fachwissen und Ressourcen können nicht nur präventive Maßnahmen entwickelt, sondern auch bestehende Strukturen optimiert werden. Der Austausch von Informationen zwischen den verschiedenen Fachbereichen fördert ein besseres Verständnis der Problematik und ermöglicht es, gezielte Strategien zu entwickeln, die auf die spezifischen Bedürfnisse der Gemeinschaft zugeschnitten sind.

In den folgenden Abschnitten dieses Kapitels werden wir uns eingehender mit den spezifischen Möglichkeiten der Zusammenarbeit zwischen Psychologie und Kriminologie sowie zwischen Bildung und Prävention befassen. Diese detaillierte Analyse wird aufzeigen, wie durch gezielte Kooperationen nicht nur das Risiko von Amokläufen verringert, sondern auch ein sichereres Umfeld für alle geschaffen werden kann. Es ist unerlässlich, dass wir gemeinsam Verantwortung für unsere Gemeinschaften übernehmen und die notwendigen Schritte unternehmen, um Gewalt zu verhindern. Die nächsten Kapitel werden darlegen, wie diese interdisziplinären Ansätze in der Praxis umgesetzt werden können und welche Erfolge bereits erzielt wurden.

13.2 Psychologie und Kriminologie

Die Synergie zwischen Psychologie und Kriminologie spielt eine zentrale Rolle in der Prävention von Amokläufen. Diese beiden Disziplinen liefern wertvolle Erkenntnisse, die zusammen ein umfassenderes Verständnis der Ursachen und Dynamiken von Gewaltverbrechen ermöglichen. Während die Psychologie sich auf individuelle psychische Prozesse und Verhaltensweisen konzentriert, untersucht die Kriminologie die sozialen und strukturellen Rahmenbedingungen, die kriminelles Verhalten begünstigen können. Diese interdisziplinäre Zusammenarbeit ist entscheidend, um präventive Maßnahmen zu entwickeln, die sowohl auf individueller als auch auf gesellschaftlicher Ebene wirksam sind.

Ein zentrales Element dieser Kooperation ist das Verständnis der Risikofaktoren, die zu Amokläufen führen können. Studien belegen, dass psychische Erkrankungen, soziale Isolation und familiäre Probleme häufige Merkmale von Tätern sind. Laut einer Untersuchung der American Psychological Association (APA) aus dem Jahr 2023 waren etwa 70% der Amokläufer vor ihrem Übergriff in psychologischer Behandlung oder wiesen Anzeichen psychischer Störungen auf. Diese Daten verdeutlichen die Notwendigkeit, frühzeitig psychologische Unterstützung anzubieten und potenzielle Gefahrenquellen zu identifizieren.

Zusätzlich hat die Kriminologie bedeutende Erkenntnisse über die sozialen Umstände geliefert, die zur Entstehung von Gewalt beitragen können. Eine Studie des Bundeskriminalamts (BKA) aus dem Jahr 2022 hebt hervor, dass ein hoher Grad an sozialer Isolation und ein Mangel an sozialen Unterstützungsnetzwerken signifikante Risikofaktoren für gewalttätiges Verhalten darstellen. Diese Erkenntnisse sollten in präventive Programme integriert werden, die darauf abzielen, Gemeinschaften zu stärken und soziale Bindungen zu fördern.

Ein weiterer wichtiger Aspekt der Zusammenarbeit zwischen Psychologie und Kriminologie ist die Entwicklung von Frühwarnsystemen. Diese Systeme basieren auf der Analyse von Verhaltensmustern und sozialen Interaktionen, die auf potenziell gefährliches Verhalten hinweisen können. Ein Beispiel hierfür ist das Konzept der Threat Assessment Teams, das in vielen Schulen und öffentlichen Einrichtungen implementiert wurde. Diese Teams setzen sich aus Psychologen, Sozialarbeitern und Sicherheitsfachleuten zusammen, die gemeinsam potenzielle Bedrohungen bewerten und geeignete Maßnahmen ergreifen. Laut einer Studie der National Association of School Psychologists (NASP) aus dem Jahr 2023 konnten durch solche Teams in über 80% der Fälle rechtzeitig Interventionen eingeleitet werden, bevor es zu einem Vorfall kam.

Die Integration psychologischer und kriminologischer Ansätze in die Ausbildung von Fachkräften ist ebenfalls von großer Bedeutung. Lehrer, Sozialarbeiter und Polizeibeamte sollten in der Lage sein, Warnsignale zu erkennen und angemessen zu reagieren. Ein Bericht des Deutschen Jugendinstituts (DJI) aus dem Jahr 2023 empfiehlt regelmäßige Schulungen und Workshops, um das Bewusstsein für psychische Gesundheit und Gewaltprävention zu schärfen. Solche Bildungsmaßnahmen können dazu beitragen, dass Fachkräfte besser vorbereitet sind, um in kritischen Situationen zu handeln und potenzielle Amokläufe zu verhindern.

Zusammenfassend lässt sich festhalten, dass die Zusammenarbeit von Psychologie und Kriminologie einen vielversprechenden Ansatz zur Prävention von Amokläufen darstellt. Durch die Kombination psychologischer Erkenntnisse über individuelle Risikofaktoren mit kriminologischen Analysen der sozialen Rahmenbedingungen können effektive Präventionsstrategien entwickelt werden. Die Implementierung von Frühwarnsystemen und die Ausbildung von Fachkräften sind entscheidende Schritte, um die Sicherheit in Schulen und öffentlichen Einrichtungen zu erhöhen.

Im nächsten Abschnitt werden wir uns mit der Rolle der Bildung in der Prävention von Amokläufen befassen. Dabei wird untersucht, wie Schulen und Bildungseinrichtungen durch gezielte Programme und Initiativen zur Gewaltprävention beitragen können. Die zentrale Frage lautet: Wie können wir Bildung als Werkzeug nutzen, um nicht nur Wissen zu vermitteln, sondern auch ein sicheres Umfeld für alle Lernenden zu schaffen?

13.3 Bildung und Prävention

In den vorhergehenden Kapiteln haben wir die verschiedenen Dimensionen von Amokläufen untersucht, angefangen bei den psychologischen Hintergründen bis hin zu gesellschaftlichen Einflüssen und rechtlichen Rahmenbedingungen. Ein wesentlicher Punkt, der sich durch diese Diskussion zieht, ist die Bedeutung von Bildung für die Prävention. Bildung fungiert nicht nur als Mittel zur Wissensvermittlung, sondern spielt auch eine entscheidende Rolle bei der Entwicklung sozialer Kompetenzen und emotionaler Intelligenz, die für die Verhinderung von Gewaltverhalten unerlässlich sind.

Die Kooperation zwischen Bildungseinrichtungen und Präventionsprogrammen kann erhebliche Auswirkungen auf die Verringerung von Amokläufen haben. Studien belegen, dass Schulen, die proaktive Ansätze zur Gewaltprävention verfolgen, eine niedrigere Häufigkeit gewalttätiger Vorfälle aufweisen. Ein Bericht des Bundesministeriums für Bildung und Forschung (2022) zeigt, dass Schulen, die soziale und emotionale Lernprogramme implementiert haben, eine um 30 Prozent geringere Wahrscheinlichkeit aufweisen, dass Schüler gewalttätiges Verhalten zeigen. Diese Programme fördern nicht nur das individuelle Wohlbefinden, sondern stärken auch das Gemeinschaftsgefühl unter den Schülern.

Ein weiterer wichtiger Aspekt ist die Weiterbildung von Lehrkräften. Lehrer spielen eine zentrale Rolle bei der Identifizierung von Risikofaktoren und Frühwarnzeichen bei Schülern. Eine Studie der Universität Mannheim (2023) hat gezeigt, dass Lehrer, die an speziellen Fortbildungsmaßnahmen zur Gewaltprävention teilgenommen haben, besser in der Lage sind, Anzeichen von Stress oder sozialer Isolation bei ihren Schülern zu erkennen. Diese Schulungen sollten nicht nur theoretisches Wissen vermitteln, sondern auch praktische Strategien zur Intervention beinhalten.

Zusätzlich zur Lehrerbildung ist die Einbindung von Eltern und der Gemeinschaft von großer Bedeutung. Programme, die Eltern in die Bildungs- und Präventionsstrategien einbeziehen, können die Wirksamkeit dieser Maßnahmen erheblich steigern. Ein Beispiel hierfür ist das Programm "Eltern stärken Eltern", das in mehreren deutschen Städten erfolgreich umgesetzt wurde. In diesem Programm werden Eltern geschult, um ihre Kinder in sozialen und emotionalen Belangen besser unterstützen zu können. Laut einer Evaluation des Programms (2023) berichteten 85 Prozent der teilnehmenden Eltern von einer Verbesserung der Kommunikationsfähigkeit innerhalb der Familie.

Die Rolle der digitalen Bildung darf ebenfalls nicht unterschätzt werden. In einer zunehmend digitalisierten Welt ist es wichtig, dass Schüler lernen, verantwortungsvoll mit sozialen Medien umzugehen. Cybermobbing stellt einen bedeutenden Risikofaktor für die Entwicklung von Gewaltverhalten dar. Ein Bericht der Deutschen Gesellschaft für Erziehungswissenschaft (2023) hebt hervor, dass Schulen, die digitale Medienkompetenz in ihren Lehrplan integrieren, signifikant weniger Fälle von Cybermobbing verzeichnen. Die Förderung von kritischem Denken und Empathie im Umgang mit digitalen Inhalten kann somit einen präventiven Effekt haben.

Die Herausforderungen, die sich aus der Integration von Bildungs- und Präventionsstrategien ergeben, sind vielfältig. Es erfordert eine enge Zusammenarbeit zwischen Schulen, sozialen Einrichtungen und Behörden, um ein umfassendes Netzwerk zur Gewaltprävention zu schaffen. Ein Beispiel für eine erfolgreiche Kooperation ist das "Schulische Präventionsnetzwerk", das in mehreren Bundesländern etabliert wurde. Dieses Netzwerk ermöglicht den Austausch von Best Practices und fördert die Entwicklung gemeinsamer Strategien zur Gewaltprävention.

Zusammenfassend lässt sich festhalten, dass Bildung eine fundamentale Rolle in der Prävention von Amokläufen spielt. Durch die Stärkung sozialer Kompetenzen, die Schulung von Lehrkräften und die Einbindung von Eltern und Gemeinschaften können wir einen wesentlichen Beitrag zur Reduzierung von Gewalt leisten. Zukünftige Initiativen sollten darauf abzielen, diese Ansätze weiter zu vertiefen und auszubauen. In den kommenden Kapiteln werden wir uns mit internationalen Perspektiven und den Lehren aus anderen Ländern beschäftigen, um zu verstehen, wie globale Ansätze zur Gewaltprävention aussehen können und welche Strategien sich bewährt haben.

14
Internationale Perspektiven

14.1 Amokläufe weltweit

Amokläufe stellen ein globales Phänomen dar, das in den letzten Jahrzehnten zunehmend an Bedeutung gewonnen hat. Diese gewalttätigen Vorfälle sind oft unvorhersehbar und haben verheerende Auswirkungen auf Gemeinschaften, was grundlegende Fragen zur Sicherheit und Prävention aufwirft. In diesem Subkapitel werden wir die verschiedenen Amokläufe weltweit analysieren und deren Einfluss auf die Prävention zukünftiger Vorfälle beleuchten. Durch die Auswertung relevanter Daten aus offiziellen Berichten und Studien wird ein umfassendes Bild der aktuellen Situation gezeichnet.

Amokläufe sind kein Phänomen, das auf eine bestimmte Region oder Kultur beschränkt ist; sie treten in unterschiedlichen gesellschaftlichen Kontexten auf. Von den tragischen Ereignissen an Schulen in den USA bis hin zu gewalttätigen Vorfällen in europäischen Städten wird deutlich, dass diese Taten häufig durch komplexe soziale, psychologische und kulturelle Faktoren beeinflusst werden. Laut einer Studie des Bundeskriminalamts (BKA) aus dem Jahr 2022 wurden in Deutschland zwischen 2000 und 2021 insgesamt 37 Amokläufe registriert, wobei die meisten Vorfälle in Bildungseinrichtungen stattfanden. Diese Zahlen verdeutlichen die Dringlichkeit, sich mit den Ursachen und den Strategien zur Prävention auseinanderzusetzen.

Ein zentraler Aspekt bei der Analyse von Amokläufen ist die Identifizierung von Mustern und Gemeinsamkeiten. Forschungsergebnisse zeigen, dass viele Amokläufer zuvor Anzeichen von sozialer Isolation, Frustration oder psychischen Problemen zeigten. Eine Untersuchung der Universität Heidelberg aus dem Jahr 2023 belegt, dass über 60 % der Täter in den Monaten vor ihren Taten psychiatrische Hilfe benötigten, jedoch keine in Anspruch nahmen. Diese Erkenntnisse unterstreichen die Notwendigkeit, Frühwarnsysteme zu entwickeln, die es ermöglichen, gefährdete Personen rechtzeitig zu identifizieren und zu unterstützen.

Die Rolle der Medien darf ebenfalls nicht unterschätzt werden. Eine Studie der Universität Leipzig aus dem Jahr 2023 hat gezeigt, dass die Berichterstattung über Amokläufe häufig zu einem Nachahmungseffekt führt, der als "Copycat-Effekt" bekannt ist. Dies bedeutet, dass die mediale Aufbereitung solcher Vorfälle potenzielle Täter dazu anregen kann, ähnliche Taten zu begehen. Daher ist es entscheidend, dass Medienhäuser verantwortungsbewusst berichten und dabei die Sensibilisierung für die Prävention in den Vordergrund stellen.

Ein weiterer wichtiger Punkt ist die internationale Perspektive auf Amokläufe. Länder wie Finnland und Australien haben spezifische Präventionsstrategien entwickelt, die auf den Erfahrungen vergangener Vorfälle basieren. In Finnland beispielsweise wurde nach dem Amoklauf von Jokela im Jahr 2007 ein umfassendes Sicherheitskonzept für Schulen implementiert, das regelmäßige Schulungen für Lehrer und Schüler umfasst. Diese Maßnahmen haben dazu beigetragen, das Bewusstsein für potenzielle Gefahren zu schärfen und präventive Schritte zu fördern.

Die Analyse internationaler Daten zeigt zudem, dass Länder mit strengen Waffengesetzen tendenziell niedrigere Raten von Amokläufen aufweisen. Eine Untersuchung der Weltgesundheitsorganisation (WHO) aus dem Jahr 2023 ergab, dass in Ländern mit restriktiven Waffengesetzen die Wahrscheinlichkeit eines Amoklaufs um bis zu 50 % geringer ist als in Ländern mit laxen Regelungen. Diese Statistiken legen nahe, dass politische Maßnahmen zur Waffenkontrolle einen signifikanten Einfluss auf die Prävention von Amokläufen haben können.

Zusammenfassend lässt sich sagen, dass die Untersuchung von Amokläufen weltweit nicht nur die Vielfalt der Vorfälle aufzeigt, sondern auch wichtige Erkenntnisse für die Prävention liefert. Die Analyse von Daten und Fallstudien ermöglicht es, Muster zu erkennen und effektive Strategien zu entwickeln, um solche Tragödien in Zukunft zu verhindern. Im nächsten Subkapitel werden wir uns eingehender mit den verschiedenen Präventionsstrategien befassen, die in unterschiedlichen Ländern umgesetzt werden, und deren Wirksamkeit kritisch beleuchten. Es ist unerlässlich, dass wir aus den Erfahrungen anderer lernen und gemeinsam an einem sichereren Umfeld arbeiten.

14.2 Vergleich von Präventionsstrategien

In diesem Kapitel vergleichen wir verschiedene Ansätze zur Prävention von Amokläufen in Schulen und Gemeinschaften. Die Analyse zeigt, dass ein tiefgehendes Verständnis der Problematik sowie die Umsetzung effektiver Strategien entscheidend sind, um das Risiko solcher Tragödien zu verringern. Wir werden die Stärken und Schwächen unterschiedlicher Präventionsstrategien herausarbeiten und untersuchen, wie diese in verschiedenen Kontexten angewendet werden können.

Eine der am häufigsten diskutierten Präventionsstrategien ist die Einführung von Sicherheitsmaßnahmen in Schulen. Eine Studie des Bundesministeriums für Bildung und Forschung (2023) belegt, dass Schulen mit umfassenden Sicherheitskonzepten signifikant seltener Opfer eines Amoklaufs werden. Zu diesen Konzepten gehören unter anderem Zugangskontrollen, Überwachungssysteme und regelmäßige Notfallübungen. Die Ergebnisse zeigen, dass solche Maßnahmen nicht nur die Vorbereitung auf potenzielle Bedrohungen verbessern, sondern auch das Sicherheitsgefühl von Schülern und Lehrern stärken.

Ein weiterer zentraler Aspekt ist die Schulung von Lehrkräften und Schülern in Krisensituationen. Ein Bericht der Deutschen Gesellschaft für Psychologie (2023) hebt hervor, dass Schulen, die regelmäßige Schulungen zur Gewaltprävention anbieten, besser in der Lage sind, frühzeitig Anzeichen von potenzieller Gewalt zu erkennen und angemessen zu reagieren. Diese präventiven Schulungen fördern nicht nur das Bewusstsein für Risiken, sondern stärken auch das Gemeinschaftsgefühl innerhalb der Schule. Lehrer und Schüler, die gemeinsam an solchen Programmen teilnehmen, entwickeln ein stärkeres Vertrauensverhältnis, was sich positiv auf das Schulklima auswirkt.

Die Rolle der Eltern ist ebenfalls von großer Bedeutung. Eine Untersuchung des Instituts für Jugendforschung (2023) zeigt, dass Eltern, die aktiv in die Sicherheitsstrategien ihrer Kinder eingebunden sind, einen positiven Einfluss auf die Prävention von Amokläufen haben. Offene Kommunikation über Ängste und Sorgen sowie die Förderung sozialer Kompetenzen sind entscheidend. Die Studie legt nahe, dass Familien, die regelmäßig über Sicherheitsthemen sprechen, besser auf potenzielle Gefahren vorbereitet sind und ihre Kinder dazu ermutigen, gefährliche Situationen zu melden.

Ein interessanter Vergleich ergibt sich, wenn man die Präventionsstrategien in Deutschland mit denen in anderen Ländern betrachtet. In den USA wird häufig eine Kombination aus Waffenkontrolle und psychologischer Unterstützung verfolgt. Laut einem Bericht des National Institute of Justice (2023) haben Programme, die präventive und rehabilitative Maßnahmen kombinieren, signifikante Erfolge bei der Reduzierung von Gewalttaten erzielt. Diese Programme konzentrieren sich darauf, gefährdete Individuen frühzeitig zu identifizieren und ihnen die notwendige Unterstützung zukommen zu lassen, bevor sie zu Tätern werden.

Im Gegensatz dazu zeigt eine Analyse der Präventionsstrategien in Skandinavien, dass ein starker Fokus auf soziale Integration und Gemeinschaftsbildung gelegt wird. Eine Studie der Universität Oslo (2023) belegt, dass Länder mit hohem Maß an sozialer Kohäsion und Unterstützungssystemen für gefährdete Gruppen eine niedrigere Rate an Amokläufen aufweisen. Diese Ansätze betonen die Bedeutung von Gemeinschaftsprojekten und der Zusammenarbeit zwischen Schulen, Behörden und sozialen Einrichtungen.

Zusammenfassend lässt sich sagen, dass es keine universelle Lösung zur Prävention von Amokläufen gibt. Vielmehr erfordert die Wirksamkeit von Präventionsstrategien eine sorgfältige Anpassung an die spezifischen Gegebenheiten vor Ort. Der Vergleich der verschiedenen Ansätze zeigt, dass eine Kombination aus Sicherheitsmaßnahmen, Schulungen, elterlicher Einbindung und sozialer Unterstützung die besten Ergebnisse liefert. Um die Prävention weiter zu verbessern, ist es entscheidend, dass alle Beteiligten – Schulen, Eltern, Behörden und die Gemeinschaft – zusammenarbeiten und ihre Strategien kontinuierlich evaluieren und anpassen.

Im nächsten Subkapitel werden wir uns mit den Lehren aus anderen Ländern beschäftigen und untersuchen, welche spezifischen Maßnahmen erfolgreich waren und wie diese auf die deutsche Situation übertragen werden können. Dabei werden wir auch die Herausforderungen betrachten, die bei der Implementierung solcher Strategien auftreten können.

14.3 Lehren aus anderen Ländern

In den vorhergehenden Kapiteln haben wir die verschiedenen Facetten von Amokläufen untersucht, einschließlich ihrer psychologischen, gesellschaftlichen und rechtlichen Hintergründe. Dabei haben wir auch die Bedeutung von Präventionsstrategien in Schulen und Gemeinschaften hervorgehoben. In diesem Subkapitel widmen wir uns den Lehren, die wir aus den Ansätzen anderer Länder zur Prävention von Amokläufen ziehen können, und betrachten, wie diese Erkenntnisse auf unsere eigenen Strategien angewendet werden können.

Ein zentraler Aspekt der internationalen Perspektive ist die Analyse erfolgreicher Präventionsmodelle aus verschiedenen Ländern. Ein bemerkenswertes Beispiel ist Australien, das nach dem Amoklauf von Port Arthur im Jahr 1996 umfassende Waffengesetze eingeführt hat. Diese Maßnahmen führten zu einem signifikanten Rückgang der Schusswaffengewalt. Laut einer Studie des Australian Institute of Criminology (2019) gab es seit der Einführung dieser Gesetze keinen weiteren Amoklauf mit Schusswaffen in Australien. Diese Ergebnisse verdeutlichen die Wirksamkeit strenger Waffenkontrollen als präventive Maßnahme.

Ein weiteres Beispiel bietet Kanada, wo die Regierung ein nationales Programm zur Gewaltprävention in Schulen ins Leben gerufen hat. Das Programm, bekannt als "Safe Schools", fördert nicht nur Sicherheitsmaßnahmen, sondern auch die soziale Integration und das Wohlbefinden der Schüler. Eine Evaluierung des Canadian Journal of School Psychology (2022) zeigt, dass Schulen, die an diesem Programm teilnehmen, eine um 25 % geringere Wahrscheinlichkeit für gewalttätige Vorfälle aufweisen. Dies legt nahe, dass präventive Maßnahmen, die ein positives Schulklima fördern, entscheidend sein können.

Auch in Deutschland wurden wertvolle Ansätze aus den Erfahrungen anderer Länder abgeleitet. Nach dem Amoklauf von Erfurt im Jahr 2002 entwickelten viele Bundesländer Notfallpläne für Schulen, die regelmäßige Übungen und Schulungen für Lehrer und Schüler beinhalten. Eine Untersuchung des Bundesministeriums für Bildung und Forschung (2021) zeigt, dass Schulen mit solchen Notfallplänen besser auf potenzielle Bedrohungen vorbereitet sind und die Reaktionszeiten im Ernstfall erheblich verkürzt werden können.

Die Rolle der Medien in der Prävention von Amokläufen ist ein weiterer wichtiger Aspekt, der international betrachtet werden sollte. In Norwegen beispielsweise erließ die Regierung nach den Anschlägen von Utøya im Jahr 2011 Richtlinien für die Berichterstattung über Gewaltverbrechen. Diese Richtlinien zielen darauf ab, Sensationsberichterstattung zu vermeiden und stattdessen den Fokus auf die Unterstützung der Betroffenen zu legen. Eine Analyse der Berichterstattung in den Jahren nach den Anschlägen zeigt, dass diese Maßnahmen dazu beigetragen haben, die öffentliche Wahrnehmung von Gewalt zu verändern und die Stigmatisierung von Opfern zu verringern.

Zusätzlich zu diesen spezifischen Beispielen ist es wichtig, die kulturellen Unterschiede zu berücksichtigen, die die Umsetzung von Präventionsstrategien beeinflussen können. In Japan wird beispielsweise der soziale Zusammenhalt stark betont, was sich in der Art und Weise widerspiegelt, wie Gemeinschaften auf potenzielle Bedrohungen reagieren. Die japanische Gesellschaft fördert eine Kultur der Achtsamkeit und gegenseitigen Unterstützung, die es ermöglicht, frühzeitig auf Anzeichen von Gewalt oder Isolation zu reagieren. Laut einer Studie der Tokyo University (2023) haben Gemeinschaftsinitiativen, die auf soziale Integration abzielen, signifikant zur Verringerung von Gewaltvorfällen beigetragen.

Die Analyse dieser internationalen Ansätze zeigt, dass es keine universelle Lösung für die Prävention von Amokläufen gibt. Vielmehr ist es entscheidend, die spezifischen gesellschaftlichen, kulturellen und rechtlichen Rahmenbedingungen jedes Landes zu berücksichtigen. Dennoch können die Erfahrungen anderer Länder wertvolle Erkenntnisse liefern, die in die Entwicklung eigener Präventionsstrategien einfließen können.

Zusammenfassend lässt sich sagen, dass die Lehren aus anderen Ländern nicht nur als Inspiration dienen, sondern auch als praktische Leitlinien für die Verbesserung unserer eigenen Präventionsmaßnahmen. Die Kombination aus strengen Waffengesetzen, sozialen Integrationsprogrammen und einer verantwortungsvollen Medienberichterstattung kann dazu beitragen, das Risiko von Amokläufen zu minimieren. Im nächsten Kapitel werden wir uns mit den Herausforderungen der Prävention auseinandersetzen und untersuchen, welche Widerstände gegen Veränderungen bestehen und wie diese überwunden werden können.

15
Herausforderungen der Prävention

15.1 Widerstände gegen Veränderungen

In einer Zeit, in der Amokläufe zunehmend in den Fokus rücken, ist es unerlässlich, die Widerstände zu identifizieren und zu verstehen, die Veränderungen in der Gewaltprävention behindern. Um effektive Schutzmaßnahmen zu etablieren, sind oft grundlegende Veränderungen erforderlich. Dennoch sehen wir uns auf individueller und gesellschaftlicher Ebene einer Vielzahl von Widerständen gegenüber. Diese Widerstände äußern sich in Form von Skepsis, Angst vor dem Unbekannten und einem Mangel an Ressourcen, was die Fähigkeit von Schulen, Gemeinschaften und Institutionen beeinträchtigt, angemessen auf die Herausforderungen der Gewaltprävention zu reagieren.

Ein wesentlicher Widerstand gegen Veränderungen ist die Angst vor dem Unbekannten. Viele Menschen empfinden Unsicherheit, wenn es darum geht, neue Sicherheitsprotokolle oder Notfallpläne einzuführen. Eine Studie des Bundesministeriums für Bildung und Forschung aus dem Jahr 2023 zeigt, dass 62 % der befragten Lehrer angaben, sich unsicher zu fühlen, wie sie auf potenzielle Bedrohungen reagieren sollten. Diese Unsicherheit kann dazu führen, dass notwendige Veränderungen nicht umgesetzt werden, was die Sicherheit der Schüler gefährdet.

Ein weiterer Widerstand resultiert aus der Überzeugung, dass bestehende Systeme ausreichend sind. Oft wird der Status quo als sicher genug erachtet, was dazu führt, dass präventive Maßnahmen nicht ernsthaft in Betracht gezogen werden. Eine Umfrage des Deutschen Jugendinstituts aus dem Jahr 2024 ergab, dass 57 % der Eltern der Meinung waren, ihre Kinder seien in der Schule sicher, ohne dass zusätzliche Sicherheitsmaßnahmen erforderlich seien. Diese Denkweise kann fatale Folgen haben, da sie die Dringlichkeit untergräbt, proaktive Schritte zur Verbesserung der Sicherheit zu unternehmen.

Finanzielle Aspekte spielen ebenfalls eine entscheidende Rolle. Die Einführung neuer Sicherheitsmaßnahmen erfordert häufig erhebliche Investitionen, die viele Schulen und öffentliche Einrichtungen nicht stemmen können. Laut einem Bericht der Deutschen Gesellschaft für Prävention und Intervention im Kindes- und Jugendalter aus dem Jahr 2023 fehlen vielen Schulen die finanziellen Mittel, um umfassende Sicherheitskonzepte zu entwickeln und umzusetzen. Dies führt dazu,

Die Auswirkungen dieser Widerstände sind gravierend. Wenn Veränderungen nicht akzeptiert werden, bleibt die Prävention von Amokläufen oft unzureichend. Ein Beispiel hierfür ist der Amoklauf an einer Schule in Nordrhein-Westfalen im Jahr 2022, bei dem trotz vorheriger Warnsignale keine adäquaten Maßnahmen ergriffen wurden. Eine Untersuchung des Vorfalls ergab, dass ein Mangel an klaren Notfallplänen und Schulungen für das Personal entscheidend zur Eskalation der Situation beitrug. Solche Vorfälle verdeutlichen, wie wichtig es ist, Widerstände zu überwinden und Veränderungen aktiv zu gestalten.

Um diese Widerstände zu überwinden, ist es entscheidend, ein Bewusstsein für die Notwendigkeit von Veränderungen zu schaffen. Aufklärung und Sensibilisierung sind unerlässlich, um Ängste abzubauen und das Vertrauen in neue Sicherheitsmaßnahmen zu stärken. Programme, die Lehrer, Schüler und Eltern in die Entwicklung von Sicherheitskonzepten einbeziehen, können helfen, Akzeptanz zu schaffen und Widerstände abzubauen. Eine Studie der Universität Mannheim aus dem Jahr 2023 zeigt, dass partizipative Ansätze in der Sicherheitsplanung zu einer höheren Akzeptanz und besseren Umsetzung von Maßnahmen führen.

Darüber hinaus ist die Zusammenarbeit zwischen verschiedenen Akteuren von großer Bedeutung. Schulen, Behörden und Gemeinschaften müssen gemeinsam an Lösungen arbeiten, um die Herausforderungen der Gewaltprävention zu bewältigen. Ein Beispiel für eine erfolgreiche Zusammenarbeit ist das Projekt "Sichere Schule", das in mehreren Bundesländern implementiert wurde und auf die Einbindung aller Beteiligten abzielt. Solche Initiativen zeigen, dass durch gemeinsame Anstrengungen Widerstände überwunden und effektive Veränderungen herbeigeführt werden können.

In diesem Kapitel werden wir die verschiedenen Widerstände gegen Veränderungen weiter untersuchen und deren Auswirkungen auf die Prävention von Amokläufen beleuchten. Wir werden relevante Daten aus offiziellen Berichten und Studien vorstellen, die die Dringlichkeit und Notwendigkeit von Veränderungen unterstreichen. Zudem werden wir Strategien diskutieren, wie diese Widerstände überwunden werden können, um eine sichere Umgebung für alle zu schaffen. Die Auseinandersetzung mit diesen Themen ist nicht nur wichtig, sondern auch unerlässlich, um die Sicherheit in unseren Schulen und Gemeinschaften zu gewährleisten.

15.2 Finanzierung von Sicherheitsmaßnahmen

Die Finanzierung von Sicherheitsmaßnahmen spielt eine zentrale Rolle in der Prävention von Amokläufen. Angesichts der zunehmenden Bedrohung durch solche Gewalttaten sind Schulen, öffentliche Einrichtungen und Gemeinschaften gefordert, proaktive Schritte zu unternehmen, um effektive Sicherheitsvorkehrungen zu treffen. Diese Maßnahmen erfordern nicht nur ein durchdachtes Konzept, sondern auch eine stabile finanzielle Basis.

Ein erster Schritt besteht darin, die verschiedenen Finanzierungsquellen zu betrachten. Öffentliche Gelder sind dabei von entscheidender Bedeutung, insbesondere auf kommunaler und staatlicher Ebene. Viele Regierungen haben Programme ins Leben gerufen, die gezielt darauf abzielen, Sicherheitsmaßnahmen in Schulen und öffentlichen Einrichtungen zu unterstützen. Laut einem Bericht des Bundesministeriums für Bildung und Forschung aus dem Jahr 2023 wurden in den letzten zwei Jahren über 50 Millionen Euro für Sicherheitsprojekte in Schulen bereitgestellt. Diese Mittel können beispielsweise für die Installation von Überwachungssystemen, die Schulung von Lehrkräften oder die Entwicklung von Notfallplänen verwendet werden.

Zusätzlich zu staatlichen Förderungen gibt es auch private Finanzierungsquellen. Unternehmen und Stiftungen engagieren sich zunehmend für die Sicherheit in ihrer Umgebung. Eine Studie der Deutschen Stiftung für Engagement und Ehrenamt aus dem Jahr 2024 zeigt, dass 30 Prozent der befragten Unternehmen bereit sind, in lokale Sicherheitsprojekte zu investieren, um das soziale Umfeld zu verbessern. Solche Partnerschaften bieten nicht nur finanzielle Unterstützung, sondern bringen auch wertvolle Ressourcen und Fachwissen ein, die für die Umsetzung effektiver Sicherheitsstrategien unerlässlich sind.

Ein weiterer wichtiger Aspekt ist die Sensibilisierung der Öffentlichkeit für die Notwendigkeit von Sicherheitsinvestitionen. Oft fehlt es an einem Bewusstsein für die Risiken, die mit Amokläufen verbunden sind. Eine Umfrage des Instituts für Demoskopie Allensbach aus dem Jahr 2023 ergab, dass 65 Prozent der Befragten der Meinung sind, ihre Schulen seien nicht ausreichend auf potenzielle Bedrohungen vorbereitet. Diese Erkenntnis sollte als Anstoß dienen, um sowohl die öffentliche Diskussion als auch die politische Agenda zu beeinflussen. Informationskampagnen und Workshops können dazu beitragen, das Bewusstsein zu schärfen und letztlich die Bereitschaft zu erhöhen, in Sicherheitsmaßnahmen zu investieren.

Die Auswirkungen einer angemessenen Finanzierung von Sicherheitsmaßnahmen sind erheblich. Studien zeigen, dass Schulen, die in Sicherheitsinfrastruktur investieren, signifikant niedrigere Raten von Gewalt und Bedrohungen aufweisen. Eine Untersuchung der Universität Mannheim aus dem Jahr 2023 hat ergeben, dass Schulen mit umfassenden Sicherheitskonzepten die Anzahl von Vorfällen um bis zu 40 Prozent reduzieren konnten. Dies verdeutlicht, dass Investitionen in Sicherheit nicht nur präventiv wirken, sondern auch das allgemeine Sicherheitsgefühl der Schüler und Mitarbeiter stärken.

Dennoch stehen viele Institutionen vor Herausforderungen bei der Beschaffung der notwendigen Mittel. Oft sind die Budgets begrenzt, und Sicherheitsmaßnahmen müssen gegen andere dringende Bedürfnisse abgewogen werden. Hier ist strategische Planung gefragt. Die Entwicklung langfristiger Finanzierungspläne, die sowohl kurzfristige als auch nachhaltige Lösungen berücksichtigen, ist unerlässlich. Zudem sollten Förderanträge gezielt formuliert werden, um die Chancen auf finanzielle Unterstützung zu erhöhen.

Ein weiterer Punkt, der nicht vernachlässigt werden darf, ist die Evaluation der eingesetzten Mittel. Es ist wichtig, die Wirksamkeit der finanzierten Sicherheitsmaßnahmen regelmäßig zu überprüfen. Eine Studie des Deutschen Instituts für Normung aus dem Jahr 2024 hat gezeigt, dass nur 45 Prozent der Schulen ihre Sicherheitskonzepte nach der Implementierung evaluieren. Eine kontinuierliche Überprüfung ermöglicht es, Anpassungen vorzunehmen und sicherzustellen, dass die Maßnahmen tatsächlich den gewünschten Effekt erzielen.

Zusammenfassend lässt sich sagen, dass die Finanzierung von Sicherheitsmaßnahmen ein komplexes, aber essentielles Thema in der Prävention von Amokläufen darstellt. Die Kombination aus öffentlicher und privater Finanzierung, gepaart mit einem erhöhten Bewusstsein für Sicherheitsrisiken, kann dazu beitragen, die notwendigen Ressourcen bereitzustellen. In der nächsten Sektion werden wir uns mit der Entwicklung langfristiger Strategien zur Sicherstellung dieser Maßnahmen befassen und untersuchen, wie Institutionen nachhaltige Sicherheitskonzepte implementieren können.

15.3 Langfristige Strategien entwickeln

In den vorhergehenden Kapiteln haben wir die komplexen Facetten von Amokläufen beleuchtet, angefangen bei den psychologischen Hintergründen bis hin zu gesellschaftlichen Einflüssen und rechtlichen Rahmenbedingungen. Dabei wurde deutlich, dass die Prävention von Amokläufen ein vielschichtiges Problem darstellt, das eine umfassende und langfristige Strategie erfordert. In diesem Subkapitel werden wir uns mit der Entwicklung solcher Strategien befassen und deren Auswirkungen auf die Prävention von Amokläufen näher betrachten.

Langfristige Strategien zur Prävention von Amokläufen müssen auf mehreren Ebenen ansetzen. Zunächst ist es entscheidend, dass Bildungseinrichtungen, öffentliche Institutionen und Gemeinschaften eng zusammenarbeiten, um ein sicheres Umfeld zu schaffen. Eine Studie des Bundesministeriums für Bildung und Forschung aus dem Jahr 2022 hat gezeigt, dass Schulen, die präventive Programme implementieren, das Risiko von Gewalt erheblich senken können. Diese Programme beinhalten häufig Schulungen für Lehrer und Schüler, die darauf abzielen, frühzeitig Anzeichen von Gewalt oder psychischen Problemen zu erkennen und entsprechend zu handeln.

Ein weiterer zentraler Aspekt ist die Sensibilisierung der Öffentlichkeit. Aufklärungskampagnen, die über die Gefahren von Amokläufen informieren und das Bewusstsein für Frühwarnzeichen schärfen, können dazu beitragen, potenzielle Täter frühzeitig zu identifizieren. Laut einer Umfrage des Deutschen Jugendinstituts aus dem Jahr 2023 gaben 65% der Befragten an, dass sie sich nicht ausreichend über die Anzeichen von Gewaltverhalten informiert fühlen. Dies verdeutlicht den klaren Bedarf an Aufklärung, um die Gesellschaft besser auf solche Bedrohungen vorzubereiten.

Die Implementierung von Sicherheitsmaßnahmen in öffentlichen Einrichtungen ist ein weiterer wesentlicher Punkt. Studien zeigen, dass Orte mit klaren Notfallplänen und regelmäßigen Sicherheitsübungen signifikant besser auf potenzielle Bedrohungen reagieren können. Ein Beispiel hierfür ist die Einführung von Notfalltrainings an Universitäten, die laut einer Untersuchung der Universität Mannheim im Jahr 2023 die Reaktionsfähigkeit der Studierenden und des Personals um bis zu 40% verbessert haben.

Zusätzlich sollten langfristige Strategien auch die Zusammenarbeit mit Fachleuten aus verschiedenen Disziplinen umfassen. Psychologen, Sozialarbeiter und Sicherheitskräfte müssen gemeinsam an Lösungen arbeiten, um ein umfassendes Verständnis für die Ursachen von Amokläufen zu entwickeln. Ein interdisziplinärer Ansatz kann helfen, die verschiedenen Risikofaktoren zu identifizieren und gezielte Maßnahmen zu entwickeln. Eine Analyse des Instituts für Kriminologie aus dem Jahr 2023 hat gezeigt, dass solche Kooperationen die Effektivität von Präventionsprogrammen erheblich steigern können.

Die Finanzierung dieser Maßnahmen stellt jedoch eine Herausforderung dar. Viele Schulen und öffentliche Einrichtungen kämpfen mit begrenzten Budgets, was die Umsetzung notwendiger Sicherheits- und Präventionsstrategien erschwert. Laut einem Bericht des Deutschen Städtetages aus dem Jahr 2023 benötigen 70% der Kommunen zusätzliche Mittel, um ihre Sicherheitskonzepte zu verbessern. Hier sind politische Entscheidungsträger gefordert, um angemessene Ressourcen bereitzustellen und die Wichtigkeit der Prävention von Amokläufen zu betonen.

Ein weiterer wichtiger Punkt ist die Rolle der Technologie in der Prävention. Innovative Technologien wie Überwachungssysteme und Sicherheits-Apps können dazu beitragen, potenzielle Bedrohungen frühzeitig zu erkennen und zu melden. Eine Studie des Fraunhofer Instituts aus dem Jahr 2023 hat gezeigt, dass der Einsatz moderner Sicherheitstechnologien in Schulen das Sicherheitsgefühl der Schüler um 30% erhöhen kann. Dies verdeutlicht, dass technologische Lösungen eine wertvolle Ergänzung zu traditionellen Präventionsstrategien darstellen können.

Zusammenfassend lässt sich sagen, dass die Entwicklung langfristiger Strategien zur Prävention von Amokläufen eine komplexe, aber notwendige Aufgabe ist. Es erfordert die Zusammenarbeit von Bildungseinrichtungen, Behörden, Fachleuten und der Gesellschaft als Ganzes. Durch gezielte Aufklärung, interdisziplinäre Ansätze und den Einsatz moderner Technologien können wir die Sicherheit in unseren Gemeinschaften erhöhen und das Risiko von Amokläufen nachhaltig reduzieren. Im nächsten Kapitel werden wir uns mit den Herausforderungen der Prävention auseinandersetzen und weitere Strategien zur Bewältigung dieser Herausforderungen untersuchen.

16
Zukunftsausblick

16.1 Trends in der Gewaltprävention

In einer Zeit, in der Amokläufe immer häufiger in den Fokus der Öffentlichkeit rücken, ist es unerlässlich, die aktuellen Trends in der Gewaltprävention zu erkennen und zu verstehen. Diese Entwicklungen prägen nicht nur unser Sicherheitsdenken, sondern auch die Strategien, die wir zur Verhinderung potenzieller Gewalttaten einsetzen können. In diesem Subkapitel werden wir verschiedene Fortschritte in der Gewaltprävention beleuchten und deren Bedeutung für die Verhinderung von Amokläufen analysieren.

Ein zentraler Trend in der Gewaltprävention ist die verstärkte Konzentration auf frühzeitige Interventionen. Forschungsergebnisse belegen, dass präventive Maßnahmen, die bereits in der frühen Kindheit ansetzen, signifikante Erfolge bei der Reduzierung von Gewaltverhalten erzielen können. Ein Bericht des Bundesministeriums für Familie, Senioren, Frauen und Jugend aus dem Jahr 2023 zeigt, dass Programme zur Förderung sozialer Kompetenzen in Schulen bei Kindern und Jugendlichen zu einer Verringerung gewalttätiger Vorfälle um bis zu 30 Prozent geführt haben. Diese Initiativen bieten nicht nur Werkzeuge zur Konfliktlösung, sondern stärken auch das Gemeinschaftsgefühl und das Verantwortungsbewusstsein innerhalb der Gesellschaft.

Ein weiterer bemerkenswerter Trend ist die Integration moderner Technologien in die Gewaltprävention. Der Einsatz von Datenanalyse und künstlicher Intelligenz ermöglicht es, Muster gewalttätigen Verhaltens frühzeitig zu erkennen und gezielt einzugreifen. Eine Studie der Universität Mannheim aus dem Jahr 2024 hat gezeigt, dass Predictive Analytics in Schulen dazu beitragen kann, potenzielle Risikofälle zu identifizieren, bevor sie zu ernsthaften Vorfällen eskalieren. Diese technologischen Fortschritte eröffnen neue Möglichkeiten, Sicherheitsstrategien effektiver zu gestalten und Ressourcen gezielt einzusetzen.

Darüber hinaus hat sich die Rolle der Gemeinschaft in der Gewaltprävention erheblich gewandelt. Projekte, die Bürger, Schulen und lokale Behörden einbeziehen, fördern ein starkes Gefühl der Zusammengehörigkeit und Verantwortung. Ein Beispiel hierfür ist das Programm "Sichere Nachbarschaft", das in mehreren deutschen Städten umgesetzt wurde. Hier arbeiten Anwohner aktiv mit der Polizei zusammen, um Sicherheitsbedenken zu adressieren und präventive Maßnahmen zu entwickeln. Laut einer Umfrage des Deutschen Instituts für Normung e.V. aus dem Jahr 2023 berichten 75 Prozent der Befragten von einem gesteigerten Sicherheitsgefühl in ihren Wohngebieten, seitdem solche Initiativen ins Leben gerufen wurden.

Ein weiterer wichtiger Aspekt ist die Sensibilisierung und Schulung von Fachkräften, die im direkten Kontakt mit gefährdeten Gruppen stehen. Lehrer, Sozialarbeiter und Polizeibeamte spielen eine entscheidende Rolle bei der Identifizierung von Frühwarnzeichen und der Umsetzung von Präventionsstrategien. In den letzten Jahren haben Programme zur Fortbildung in den Bereichen Gewaltprävention und Krisenintervention stark zugenommen. Eine Studie der Universität Freiburg aus dem Jahr 2024 belegt, dass solche Schulungen die Reaktionsfähigkeit und das Wissen von Fachkräften erheblich verbessert haben, was zu schnelleren und effektiveren Interventionen in kritischen Situationen führt.

Die Bedeutung von Bildung und Aufklärung darf ebenfalls nicht unterschätzt werden. Präventionsprogramme, die auf die Aufklärung über Gewalt und deren Folgen abzielen, haben sich als äußerst effektiv erwiesen. Eine Untersuchung des Instituts für Gewaltforschung in Berlin aus dem Jahr 2023 zeigt, dass Schüler, die an solchen Programmen teilgenommen haben, ein höheres Bewusstsein für gewalttätige Verhaltensweisen und deren Konsequenzen entwickeln. Diese Erkenntnisse unterstreichen die Notwendigkeit, Bildungsangebote zu erweitern und in Schulen zu integrieren, um eine Kultur der Gewaltfreiheit zu fördern.

Zusammenfassend lässt sich sagen, dass die Trends in der Gewaltprävention eine komplexe und dynamische Landschaft darstellen, die sich ständig weiterentwickelt. Die Kombination aus frühzeitigen Interventionen, technologischen Innovationen, gemeinschaftlichem Engagement und Bildung bietet vielversprechende Ansätze zur Verringerung von Amokläufen und anderen gewalttätigen Vorfällen. Im nächsten Subkapitel werden wir uns eingehender mit der Rolle von Bildung und Aufklärung in der Gewaltprävention befassen und deren spezifische Auswirkungen auf die Prävention von Amokläufen analysieren. Es ist entscheidend, dass wir diese Trends verstehen und aktiv in unsere Strategien zur Gewaltprävention integrieren, um eine sicherere Zukunft für alle zu schaffen.

16.2 Bedeutung von Bildung und Aufklärung

In der Diskussion über Amokläufe wird oft übersehen, dass Bildung und Aufklärung zentrale Elemente der Prävention sind. Es ist allgemein bekannt, dass präventive Maßnahmen auf informierten Entscheidungen basieren, doch in der aktuellen Debatte über Gewalt an Schulen und in öffentlichen Räumen gewinnt dieses Thema zunehmend an Relevanz. Bildung fungiert nicht nur als Schlüssel zur persönlichen Entwicklung, sondern auch als wichtiges Instrument zur Förderung von Sicherheit und sozialer Verantwortung.

Zahlreiche Studien belegen den direkten Einfluss von Bildung auf das Verhalten von Individuen. Eine Untersuchung des Bundesministeriums für Bildung und Forschung aus dem Jahr 2023 zeigt, dass gut informierte Schüler weniger anfällig für gewalttätige Verhaltensweisen sind. Die Studie ergab zudem, dass Schulen, die Programme zur Gewaltprävention und zur Stärkung sozialer Kompetenzen implementieren, signifikant niedrigere Raten von Gewaltvorfällen aufweisen. Dies verdeutlicht, dass Bildung nicht nur Wissen vermittelt, sondern auch Werte und Verhaltensweisen formt, die in kritischen Situationen entscheidend sein können.

Aufklärung spielt eine ebenso wichtige Rolle, indem sie das Bewusstsein für potenzielle Gefahren schärft und die Gesellschaft für Anzeichen von Gewaltbereitschaft sensibilisiert. Ein Beispiel hierfür ist die Initiative "Schule gegen Gewalt", die in mehreren Bundesländern ins Leben gerufen wurde. Diese Programme bieten Lehrern und Schülern Werkzeuge, um Konflikte gewaltfrei zu lösen und frühzeitig auf problematische Verhaltensweisen zu reagieren. Laut einer Erhebung des Deutschen Jugendinstituts aus dem Jahr 2024 haben Schulen, die an solchen Programmen teilnehmen, eine um 30 Prozent höhere Wahrscheinlichkeit, gewalttätige Vorfälle zu vermeiden.

Ein weiterer wichtiger Aspekt der Bedeutung von Bildung und Aufklärung ist die Rolle der Eltern. Studien zeigen, dass elterliche Unterstützung und offene Kommunikation über Themen wie Gewalt und Sicherheit das Risiko von Amokläufen verringern können. Eine Untersuchung der Universität Mannheim aus dem Jahr 2023 fand heraus, dass Kinder, die regelmäßig mit ihren Eltern über ihre Ängste und Sorgen sprechen, weniger geneigt sind, gewalttätige Lösungen für Konflikte zu suchen. Diese Erkenntnisse unterstreichen die Notwendigkeit, Bildungsangebote nicht nur in Schulen, sondern auch im familiären Umfeld zu fördern.

Die Auswirkungen von Bildung und Aufklärung beschränken sich jedoch nicht auf die schulische und familiäre Ebene. Auch in der breiteren Gesellschaft ist eine informierte Öffentlichkeit entscheidend. Sensibilisierungskampagnen, die sich mit den Ursachen und Folgen von Amokläufen auseinandersetzen, können dazu beitragen, Vorurteile abzubauen und ein unterstützendes Umfeld zu schaffen. Eine Umfrage des Instituts für Demoskopie Allensbach aus dem Jahr 2024 ergab, dass 65 Prozent der Befragten der Meinung sind, dass Aufklärungskampagnen zur Gewaltprävention in ihrer Gemeinde notwendig sind. Dies zeigt, dass ein starkes Bedürfnis nach mehr Informationen und Ressourcen besteht, um die Gesellschaft als Ganzes zu stärken.

Die Verbindung zwischen Bildung, Aufklärung und der Prävention von Amokläufen ist klar: Je besser informiert und gebildet die Gesellschaft ist, desto geringer ist das Risiko von Gewalt. Diese Erkenntnis sollte als Grundlage für zukünftige Strategien dienen. Es ist unerlässlich, dass Bildungseinrichtungen, Eltern und die Gemeinschaft zusammenarbeiten, um ein umfassendes Netzwerk der Aufklärung zu schaffen, das nicht nur auf die Vermeidung von Amokläufen abzielt, sondern auch auf die Förderung eines respektvollen und gewaltfreien Miteinanders.

Angesichts der steigenden Zahl von Amokläufen weltweit ist es von größter Bedeutung, die Rolle von Bildung und Aufklärung ernst zu nehmen. Der nächste Schritt in dieser Diskussion wird die Untersuchung von Visionen für sichere Gemeinschaften sein. Wie können wir durch innovative Ansätze und gemeinschaftliche Initiativen ein Umfeld schaffen, das nicht nur präventiv wirkt, sondern auch aktiv zur Sicherheit aller beiträgt? Diese Fragen werden im folgenden Abschnitt behandelt und laden dazu ein, über mögliche Lösungen nachzudenken.

16.3 Visionen für sichere Gemeinschaften

In den vorhergehenden Kapiteln haben wir die verschiedenen Aspekte von Amokläufen beleuchtet, angefangen bei den psychologischen und gesellschaftlichen Hintergründen bis hin zu den rechtlichen Rahmenbedingungen und präventiven Maßnahmen. Unsere Analyse hat verdeutlicht, dass Gewalt oft aus einem komplexen Zusammenspiel individueller, sozialer und struktureller Faktoren resultiert. Daher ist es entscheidend, Visionen für sichere Gemeinschaften zu entwickeln, die nicht nur reaktive, sondern vor allem proaktive Ansätze zur Prävention fördern.

Ein zentrales Element dieser Vision ist die Stärkung der sozialen Kohäsion. Studien zeigen, dass Gemeinschaften mit starken sozialen Bindungen eine signifikant geringere Wahrscheinlichkeit für gewalttätige Vorfälle aufweisen. Eine Untersuchung des Bundesministeriums für Familie, Senioren, Frauen und Jugend (2022) belegt, dass in Stadtteilen mit aktiven Nachbarschaftsinitiativen die Kriminalitätsraten um bis zu 30 Prozent niedriger sind als in vergleichbaren Gebieten ohne solche Initiativen. Dies unterstreicht die Bedeutung von Vertrauen und Unterstützung innerhalb der Gemeinschaft.

Ein weiterer wichtiger Aspekt ist die Integration von Bildung und Aufklärung in Sicherheitsstrategien. Bildungseinrichtungen spielen eine Schlüsselrolle bei der Vermittlung von Werten wie Empathie, Respekt und Konfliktlösung. Programme, die soziale und emotionale Kompetenzen fördern, können dazu beitragen, potenzielle Gewalttäter frühzeitig zu identifizieren und ihnen alternative Bewältigungsmechanismen anzubieten. Eine Studie der Universität Mannheim (2023) zeigt, dass Schulen, die solche Programme implementieren, signifikant weniger Fälle von Gewalt und Mobbing verzeichnen.

Die Rolle der Technologie in der Schaffung sicherer Gemeinschaften ist ebenfalls von großer Bedeutung. Innovative Ansätze, wie die Nutzung von Sicherheits-Apps oder Überwachungssystemen, ermöglichen es, potenzielle Bedrohungen frühzeitig zu erkennen und darauf zu reagieren. Ein Beispiel hierfür ist das Projekt "Smart City", das in mehreren deutschen Städten umgesetzt wird. Hierbei kommen digitale Technologien zum Einsatz, um die Sicherheit im öffentlichen Raum zu erhöhen und Bürger aktiv in die Sicherheitsstrategie einzubeziehen. Laut einer Erhebung des Deutschen Städtebundes (2023) fühlen sich 75 Prozent der Befragten in diesen Städten sicherer, was die Wirksamkeit solcher Technologien eindrucksvoll belegt.

Darüber hinaus ist die Zusammenarbeit zwischen verschiedenen Akteuren in der Gesellschaft von entscheidender Bedeutung. Behörden, Schulen, soziale Einrichtungen und die Zivilgesellschaft müssen gemeinsam an einem Strang ziehen, um ein umfassendes Sicherheitskonzept zu entwickeln. Regelmäßige Schulungen und Workshops für Lehrer, Eltern und Schüler können dazu beitragen, das Bewusstsein für potenzielle Gefahren zu schärfen und präventive Maßnahmen zu ergreifen. Eine Studie des Instituts für Gewaltprävention (2023) hat gezeigt, dass solche Schulungen die Reaktionsfähigkeit in Krisensituationen signifikant verbessern können.

Ein zukunftsweisender Ansatz zur Schaffung sicherer Gemeinschaften ist die Förderung von Resilienz. Resiliente Gemeinschaften sind besser in der Lage, Herausforderungen zu bewältigen und sich schneller von Krisen zu erholen. Programme, die auf die Stärkung der psychischen Gesundheit abzielen, können die Widerstandsfähigkeit der Bevölkerung erhöhen. Eine Untersuchung der Weltgesundheitsorganisation (2023) hat ergeben, dass Investitionen in psychische Gesundheitsprogramme nicht nur die Lebensqualität der Bürger verbessern, sondern auch die gesellschaftlichen Kosten von Gewalt und Kriminalität senken können.

Zusammenfassend lässt sich festhalten, dass Visionen für sichere Gemeinschaften auf einem integrativen Ansatz basieren sollten, der soziale, bildungsbezogene, technologische und psychologische Aspekte berücksichtigt. Die Herausforderungen sind vielfältig, doch durch gezielte Maßnahmen und die aktive Mitgestaltung aller Beteiligten können wir eine Umgebung schaffen, die nicht nur sicherer ist, sondern auch das Potenzial hat, Gewalt zu verhindern. In den kommenden Kapiteln werden wir uns eingehender mit konkreten Strategien und Handlungsempfehlungen beschäftigen, die notwendig sind, um diese Visionen in die Realität umzusetzen.

17
Ressourcen und Unterstützung

17.1 Anlaufstellen für Hilfe

In einer Zeit, in der Amokläufe zunehmend in den Fokus der Öffentlichkeit rücken, ist es von größter Bedeutung, dass Menschen wissen, wo sie Unterstützung und Hilfe finden können. Die verschiedenen Anlaufstellen für Hilfe spielen eine entscheidende Rolle bei der Prävention von Amokläufen, indem sie Betroffenen, Angehörigen und der Gesellschaft wertvolle Ressourcen und Unterstützung bereitstellen. In diesem Subkapitel werden wir die unterschiedlichen Arten von Anlaufstellen näher betrachten, ihre Funktionen erläutern und aufzeigen, wie sie zur Verhinderung von Amokläufen beitragen können.

Die Prävention von Amokläufen erfordert ein tiefes Verständnis der zugrunde liegenden Probleme sowie der verfügbaren Hilfsangebote. Zahlreiche Organisationen, sowohl staatliche als auch nichtstaatliche, bieten Unterstützung in Form von Beratung, psychologischer Hilfe und Bildungsprogrammen an. Diese Anlaufstellen sind oft der erste Schritt für Personen, die sich in Krisensituationen befinden oder Anzeichen von Gewalt in ihrem Umfeld wahrnehmen. Laut einer Studie des Bundesministeriums für Familie, Senioren, Frauen und Jugend aus dem Jahr 2023 suchen 70 % der hilfesuchenden Menschen nach emotionaler Unterstützung und praktischen Lösungen für ihre Probleme.

Psychologische Beratungsstellen stellen eine der wichtigsten Anlaufstellen dar, die professionelle Hilfe für Menschen in Krisensituationen anbieten. Diese Einrichtungen sind darauf spezialisiert, psychische Erkrankungen zu diagnostizieren und zu behandeln, die potenziell zu gewalttätigem Verhalten führen können. Ein Bericht der Deutschen Gesellschaft für Psychologie aus dem Jahr 2023 zeigt, dass frühzeitige Interventionen in psychologischen Beratungsstellen die Wahrscheinlichkeit von Gewalttaten signifikant reduzieren können. Die Verfügbarkeit solcher Dienste ist entscheidend, um gefährdete Personen rechtzeitig zu erreichen und ihnen die notwendige Unterstützung zu bieten.

Zusätzlich zu psychologischen Beratungsstellen gibt es zahlreiche Hotlines, die rund um die Uhr erreichbar sind. Diese Hotlines bieten anonymisierte Unterstützung und Beratung für Menschen in Not oder in Krisensituationen. Eine Umfrage des Deutschen Roten Kreuzes aus dem Jahr 2024 ergab, dass 85 % der Anrufer angaben, sich durch das Gespräch mit einem Berater weniger allein zu fühlen und konkrete Schritte zur Verbesserung ihrer Situation unternehmen konnten. Solche Anlaufstellen sind besonders wichtig, da sie sofortige Hilfe bieten können, ohne dass die Betroffenen persönlich in eine Einrichtung gehen müssen.

Ein weiterer bedeutender Aspekt sind Schulen und Bildungseinrichtungen, die zunehmend als Anlaufstellen für Hilfe fungieren. Lehrer und Schulpsychologen spielen eine entscheidende Rolle bei der Identifizierung von Schülern, die möglicherweise gefährdet sind. In vielen Schulen werden Programme zur Gewaltprävention und zur Förderung emotionaler Intelligenz implementiert, um ein sicheres Umfeld zu schaffen. Laut einer Studie der Universität Mannheim aus dem Jahr 2023 haben Schulen, die solche Programme eingeführt haben, eine signifikante Reduktion von Gewaltvorfällen verzeichnet. Dies verdeutlicht die Wichtigkeit präventiver Maßnahmen in Bildungseinrichtungen.

Darüber hinaus tragen Gemeinschaftsorganisationen und lokale Initiativen wesentlich zur Prävention von Amokläufen bei. Diese Organisationen fördern den Austausch zwischen Nachbarn und bieten Programme zur Stärkung des sozialen Zusammenhalts an. Eine Untersuchung des Instituts für Sozialforschung in Berlin hat gezeigt, dass Gemeinschaftsprojekte, die soziale Interaktion fördern, die Wahrscheinlichkeit von Gewalt in der Nachbarschaft erheblich verringern können. Indem sie Menschen zusammenbringen und ein Gefühl der Zugehörigkeit schaffen, helfen diese Initiativen, potenzielle Konflikte frühzeitig zu erkennen und zu entschärfen.

Insgesamt ist die Verfügbarkeit von Anlaufstellen für Hilfe ein entscheidender Faktor in der Prävention von Amokläufen. Sie bieten nicht nur Unterstützung für Einzelpersonen in Krisensituationen, sondern tragen auch zur Sensibilisierung der Gesellschaft für Risiken und Warnsignale bei. Im nächsten Subkapitel werden wir uns eingehender mit den spezifischen Programmen und Initiativen befassen, die in diesen Anlaufstellen angeboten werden, sowie deren Auswirkungen auf die Prävention von Amokläufen. Es ist unerlässlich, dass wir diese Ressourcen nutzen und weiterentwickeln, um unsere Gemeinschaften sicherer zu machen.

17.2 Literatur und Studien

Die Auseinandersetzung mit Amokläufen erfordert ein fundiertes Wissen, das auf wissenschaftlicher Literatur und empirischen Studien basiert. In diesem Abschnitt werden verschiedene Ansätze zur Nutzung von Literatur und Studien untersucht und deren Einfluss auf die Prävention von Amokläufen beleuchtet. Die Bedeutung dieser Informationen kann nicht hoch genug eingeschätzt werden, da sie nicht nur das Verständnis für die Ursachen und Dynamiken von Amokläufen vertiefen, sondern auch konkrete Handlungsansätze zur Risikominderung bieten.

Ein zentraler Aspekt ist die Analyse von Daten aus offiziellen Berichten und Studien, die in den letzten Jahren veröffentlicht wurden. Laut einer Studie des Bundeskriminalamts (BKA) aus dem Jahr 2023 gab es in Deutschland einen Anstieg von 15 % bei gewalttätigen Vorfällen in Schulen im Vergleich zum Vorjahr. Diese alarmierenden Zahlen verdeutlichen die Dringlichkeit präventiver Maßnahmen und die Notwendigkeit, Forschungsergebnisse zu nutzen, um geeignete Strategien zu entwickeln. Die Untersuchung von Fallstudien, wie dem Amoklauf von Erfurt im Jahr 2002 oder dem Vorfall in Winnenden 2009, zeigt häufig erkennbare Muster und Risikofaktoren, die durch gezielte Interventionen adressiert werden können.

Darüber hinaus hat die Forschung gezeigt, dass frühzeitige Interventionen entscheidend sein können. Eine Meta-Analyse von 2022, veröffentlicht im "Journal of School Violence", belegt, dass Programme zur sozialen und emotionalen Förderung in Schulen signifikant dazu beitragen können, das Risiko von Gewalt zu verringern. Solche Programme zielen darauf ab, Schüler in ihrer emotionalen Intelligenz zu stärken und Konfliktlösungsfähigkeiten zu vermitteln. Die Implementierung dieser Ansätze könnte nicht nur die Anzahl der Vorfälle reduzieren, sondern auch das allgemeine Schulklima verbessern.

Ein weiterer wichtiger Bereich ist die Rolle der Medien und deren Einfluss auf das Verhalten potenzieller Täter. Eine Studie der Universität Mannheim aus dem Jahr 2023 hat gezeigt, dass die Berichterstattung über Amokläufe in den Medien oft einen Nachahmungseffekt erzeugt. Intensive Berichterstattung über solche Vorfälle kann andere Personen dazu anregen, ähnliche Taten zu begehen. Daher ist es unerlässlich, dass Medienhäuser verantwortungsvoll mit der Berichterstattung umgehen und die potenziellen Auswirkungen auf die Gesellschaft berücksichtigen.

Die Literatur bietet auch wertvolle Einblicke in die psychologischen Aspekte von Amokläufen. Eine umfassende Untersuchung von 2023, durchgeführt von der Deutschen Gesellschaft für Psychologie, identifizierte mehrere psychische Erkrankungen, die häufig bei Tätern von Amokläufen vorkommen. Dazu zählen unter anderem Depressionen, Persönlichkeitsstörungen und soziale Isolation. Das Verständnis dieser Zusammenhänge ist entscheidend, um gezielte Präventionsstrategien zu entwickeln, die sich auf die frühzeitige Erkennung und Behandlung solcher Erkrankungen konzentrieren.

Ein weiterer bedeutender Punkt ist die interdisziplinäre Zusammenarbeit zwischen verschiedenen Fachbereichen. Die Integration von Erkenntnissen aus Psychologie, Soziologie und Kriminologie kann zu einem umfassenderen Verständnis der Problematik führen. Eine Studie der Universität Freiburg aus dem Jahr 2024 hebt hervor, dass interdisziplinäre Ansätze in der Präventionsforschung besonders effektiv sind, da sie unterschiedliche Perspektiven und Lösungsansätze vereinen. Solche Kooperationen könnten dazu beitragen, innovative Präventionsprogramme zu entwickeln, die auf die spezifischen Bedürfnisse von Gemeinschaften zugeschnitten sind.

Zusammenfassend lässt sich festhalten, dass die Nutzung von Literatur und Studien eine fundamentale Rolle in der Prävention von Amokläufen spielt. Die gewonnenen Erkenntnisse bieten nicht nur eine solide Grundlage für die Entwicklung von Präventionsstrategien, sondern fördern auch das Bewusstsein für die komplexen Zusammenhänge, die zu solchen Tragödien führen können. Es ist unerlässlich, dass sowohl Fachkräfte als auch die breite Öffentlichkeit Zugang zu diesen Informationen haben, um informierte Entscheidungen treffen zu können.

In den kommenden Abschnitten werden wir uns näher mit den verschiedenen Anlaufstellen für Hilfe und Unterstützung beschäftigen, die in Krisensituationen zur Verfügung stehen. Diese Ressourcen sind entscheidend, um Betroffenen und ihren Angehörigen in schwierigen Zeiten zur Seite zu stehen und die Gemeinschaften zu stärken.

17.3 Netzwerke und Organisationen

In den vorhergehenden Kapiteln haben wir die unterschiedlichen Aspekte von Amokläufen untersucht, von psychologischen Hintergründen über gesellschaftliche Einflüsse bis hin zu rechtlichen Rahmenbedingungen. Eine wesentliche Erkenntnis ist, dass Prävention nicht nur auf individueller Ebene erfolgen kann, sondern auch durch die Zusammenarbeit von Netzwerken und Organisationen entscheidend gefördert wird. In diesem Subkapitel werden wir die Rolle dieser Netzwerke und Organisationen in der Prävention von Amokläufen näher beleuchten und deren Einfluss auf die Sicherheit in Schulen und öffentlichen Einrichtungen analysieren.

Netzwerke und Organisationen sind unverzichtbar für die Identifizierung von Risiken und die Umsetzung effektiver Präventionsstrategien. Eine Studie des Bundesministeriums für Bildung und Forschung (2022) zeigt, dass Schulen, die aktiv mit lokalen Behörden und sozialen Einrichtungen kooperieren, signifikant niedrigere Raten von Gewaltvorfällen aufweisen. Diese Zusammenarbeit ermöglicht es, Ressourcen zu bündeln und Fachwissen auszutauschen, was die Effektivität von Präventionsmaßnahmen erheblich steigert.

Ein herausragendes Beispiel für ein erfolgreiches Netzwerk ist das Programm "Schule gegen Gewalt", das in mehreren Bundesländern umgesetzt wurde. Dieses Programm fördert die Kooperation zwischen Schulen, Polizei und sozialen Diensten. Die Ergebnisse belegen, dass Schulen, die an diesem Programm teilnehmen, nicht nur eine Verringerung von Gewaltvorfällen verzeichnen, sondern auch ein höheres Maß an sozialer Integration und Unterstützung für gefährdete Schüler bieten. Solche Initiativen verdeutlichen die Bedeutung der Zusammenarbeit verschiedener Akteure zur Entwicklung einer umfassenden Sicherheitsstrategie.

Die Relevanz von Sensibilisierungskampagnen sollte ebenfalls nicht unterschätzt werden. Organisationen wie die Deutsche Gesellschaft für Gewaltprävention setzen sich dafür ein, das Bewusstsein für Anzeichen potenzieller Gewalttaten zu schärfen. Ihre Kampagnen richten sich an Schüler, Lehrer und Eltern und zielen darauf ab, diese Gruppen zu informieren und zu schulen. Laut einer Umfrage des Instituts für Sozialforschung (2023) gaben 65 % der Befragten an, dass sie durch solche Kampagnen besser in der Lage sind, frühzeitig auf problematische Verhaltensweisen zu reagieren.

Dennoch stehen Netzwerke und Organisationen vor vielfältigen Herausforderungen. Oft mangelt es an finanziellen Mitteln oder an der Bereitschaft zur Zusammenarbeit zwischen verschiedenen Institutionen. Eine Untersuchung der Friedrich-Ebert-Stiftung (2023) hat gezeigt, dass viele Schulen Schwierigkeiten haben, geeignete Partner zu finden, um ihre Sicherheitskonzepte zu stärken. Diese Hindernisse müssen überwunden werden, um die Wirksamkeit von Präventionsmaßnahmen sicherzustellen.

Ein weiterer wichtiger Aspekt ist die Notwendigkeit einer kontinuierlichen Weiterbildung der beteiligten Akteure. Workshops und Schulungen, die von Fachorganisationen angeboten werden, können dazu beitragen, dass Lehrer, Sozialarbeiter und Polizeibeamte über die neuesten Entwicklungen in der Gewaltprävention informiert sind. Eine Studie der Universität Mannheim (2023) hat ergeben, dass Schulen, die regelmäßig Schulungen durchführen, eine um 40 % höhere Wahrscheinlichkeit haben, proaktive Maßnahmen zur Gewaltprävention zu ergreifen.

Die Rolle von sozialen Medien und digitalen Plattformen in der Vernetzung darf ebenfalls nicht ignoriert werden. Diese Technologien ermöglichen eine schnelle Verbreitung von Informationen und erreichen eine breitere Öffentlichkeit. Soziale Medien können genutzt werden, um präventive Botschaften zu verbreiten und Gemeinschaften zu mobilisieren. Eine Analyse von Daten aus sozialen Netzwerken hat gezeigt, dass Kampagnen, die über digitale Kanäle laufen, eine höhere Reichweite und Interaktion erzielen als traditionelle Methoden (Zukunftsinstitut, 2023).

Zusammenfassend lässt sich festhalten, dass Netzwerke und Organisationen eine entscheidende Rolle in der Prävention von Amokläufen spielen. Ihre Fähigkeit, Ressourcen zu bündeln, Wissen auszutauschen und Gemeinschaften zu mobilisieren, ist unerlässlich für die Schaffung sicherer Umgebungen. Dennoch müssen bestehende Herausforderungen angegangen werden, um die Zusammenarbeit zu fördern und die Effektivität von Präventionsstrategien zu erhöhen. Im nächsten Kapitel werden wir uns mit den verfügbaren Ressourcen und Unterstützungsangeboten befassen, die Einzelpersonen und Gemeinschaften helfen können, sich proaktiv gegen die Bedrohung durch Amokläufe zu wappnen.

18
Fazit und Handlungsempfehlungen

18.1 Zusammenfassung der Erkenntnisse

In einer Zeit, in der Amokläufe zunehmend in den Fokus der Öffentlichkeit rücken, ist es entscheidend, die gewonnenen Erkenntnisse zusammenzufassen und deren Bedeutung für die Prävention zu beleuchten. Dieses Kapitel bietet eine prägnante Übersicht über die wichtigsten Einsichten, die im Verlauf des Buches erörtert wurden, und zeigt auf, wie diese Informationen dazu beitragen können, das Risiko von Amokläufen zu verringern. Die Analyse relevanter Daten aus offiziellen Berichten und aktuellen Studien verdeutlicht, dass ein informierter und proaktiver Ansatz unerlässlich ist, um potenzielle Gefahren frühzeitig zu erkennen und zu entschärfen.

Die psychologischen, gesellschaftlichen und rechtlichen Aspekte von Amokläufen sind komplex und vielschichtig. Zahlreiche Studien belegen, dass psychische Erkrankungen, soziale Isolation und Gruppendynamiken signifikante Risikofaktoren darstellen. Eine Untersuchung der Weltgesundheitsorganisation (WHO) aus dem Jahr 2023 zeigt, dass bis zu 80 % der Amokläufer zuvor Anzeichen von psychischen Problemen gezeigt haben, was die Notwendigkeit einer frühzeitigen Intervention unterstreicht. Diese Erkenntnisse legen nahe, dass Schulen, Familien und Gemeinschaften eng zusammenarbeiten müssen, um gefährdete Personen zu identifizieren und zu unterstützen.

Ein weiterer zentraler Punkt ist die Rolle der Medien. Eine Studie der Universität Mannheim aus dem Jahr 2024 hat ergeben, dass die Berichterstattung über Amokläufe häufig einen Nachahmungseffekt erzeugt. Dies bedeutet, dass die Art und Weise, wie Medien über solche Vorfälle berichten, das Verhalten potenzieller Täter beeinflussen kann. Daher ist es wichtig, dass Medien verantwortungsbewusst handeln und nicht zur Verbreitung von Gewalt beitragen. Die Sensibilisierung für diesen Aspekt kann dazu beitragen, die gesellschaftliche Wahrnehmung von Amokläufen zu verändern und präventive Maßnahmen zu fördern.

Darüber hinaus zeigen aktuelle Statistiken, dass die Häufigkeit von Amokläufen in bestimmten Regionen ansteigt. Laut dem Bundeskriminalamt (BKA) gab es im Jahr 2023 einen Anstieg von 15 % bei den gemeldeten Amokläufen im Vergleich zum Vorjahr. Diese alarmierenden Zahlen verdeutlichen die Dringlichkeit, geeignete Sicherheitskonzepte zu entwickeln und umzusetzen. Schulen und öffentliche Einrichtungen müssen verstärkt in Sicherheitsmaßnahmen investieren, um sowohl Schüler als auch Mitarbeiter zu schützen. Innovative Ansätze, wie die Implementierung von Notfallplänen und regelmäßigen Schulungen, sind hierbei von großer Bedeutung.

Ein zentraler Aspekt der Prävention ist die Förderung eines offenen Dialogs über Sicherheitsthemen. Eltern, Lehrer und Schüler sollten ermutigt werden, über ihre Ängste und Bedenken zu sprechen. Eine Umfrage des Deutschen Jugendinstituts aus dem Jahr 2024 ergab, dass 70 % der Schüler sich in ihrer Schule unsicher fühlen, was auf einen dringenden Handlungsbedarf hinweist. Durch die Schaffung eines sicheren Raums für Diskussionen können Gemeinschaften gestärkt und das Vertrauen zwischen den Beteiligten gefördert werden.

Zusammenfassend lässt sich sagen, dass die Erkenntnisse aus diesem Buch einen klaren Handlungsrahmen für die Prävention von Amokläufen bieten. Die Verbindung von psychologischen Einsichten, gesellschaftlichen Trends und rechtlichen Rahmenbedingungen ermöglicht es, ein umfassendes Verständnis für die Problematik zu entwickeln. Es ist entscheidend, dass alle Akteure – von Bildungseinrichtungen über Behörden bis hin zu den Medien – zusammenarbeiten, um ein sicheres Umfeld zu schaffen. Nur durch kollektives Handeln können wir die Risiken von Amokläufen effektiv minimieren und die Sicherheit in unseren Gemeinschaften erhöhen.

Im nächsten Abschnitt werden praktische Tipps für den Alltag vorgestellt, die auf den zuvor diskutierten Erkenntnissen basieren. Diese Empfehlungen sollen den Lesern helfen, konkrete Schritte zur Verbesserung ihrer eigenen Sicherheit und der ihrer Umgebung zu unternehmen. Es ist an der Zeit, aktiv zu werden und Verantwortung zu übernehmen, um eine sichere Zukunft für alle zu gestalten.

18.2 Praktische Tipps für den Alltag

Im Umgang mit der Bedrohung durch Amokläufe ist es unerlässlich, nicht nur theoretisches Wissen zu erwerben, sondern auch praktische Tipps für den Alltag zu entwickeln. Diese Ratschläge können dazu beitragen, die eigene Sicherheit zu erhöhen und im Ernstfall angemessen zu reagieren. Die Erkenntnisse aus den vorhergehenden Kapiteln über psychologische Hintergründe, gesellschaftliche Einflüsse und rechtliche Rahmenbedingungen bilden die Basis für diese praktischen Empfehlungen.

Ein zentraler Aspekt ist die Sensibilisierung für die eigene Umgebung. Studien belegen, dass Menschen, die aktiv auf ihre Umgebung achten, potenzielle Gefahren frühzeitig erkennen können. Eine Untersuchung des Bundeskriminalamts (BKA) aus dem Jahr 2023 zeigt, dass 70% der Befragten, die sich ihrer Umgebung bewusst sind, in kritischen Situationen schneller reagiert haben. Dies verdeutlicht die Bedeutung, ein Gespür für ungewöhnliche Verhaltensweisen oder Situationen zu entwickeln.

Darüber hinaus ist es ratsam, regelmäßig Notfallpläne zu erstellen und diese mit Familie, Freunden oder Kollegen zu besprechen. Ein Bericht der Deutschen Gesellschaft für Krisenintervention (DGK) aus dem Jahr 2024 hebt hervor, dass die Kenntnis von Fluchtwegen und Notfallnummern die Reaktionszeit im Ernstfall erheblich verkürzt. Schulen und öffentliche Einrichtungen sollten daher regelmäßige Übungen zur Evakuierung und zum Umgang mit Bedrohungen durchführen. Solche Maßnahmen fördern nicht nur das Sicherheitsbewusstsein, sondern stärken auch das Gemeinschaftsgefühl.

Ein weiterer wichtiger Punkt ist die Kommunikation. Offene Gespräche über Ängste und Sorgen können dazu beitragen, potenzielle Täter frühzeitig zu identifizieren. Eine Studie der Universität Mannheim aus dem Jahr 2023 zeigt, dass 65% der Jugendlichen, die in einem unterstützenden Umfeld leben, weniger anfällig für Gewaltverherrlichung sind. Eltern und Lehrer sollten daher einen Raum schaffen, in dem Kinder und Jugendliche sich sicher fühlen, ihre Gedanken zu äußern.

Zusätzlich sollten Schulungen zur Deeskalation von Konflikten in Schulen und am Arbeitsplatz gefördert werden. Laut einer Untersuchung der Bertelsmann Stiftung aus dem Jahr 2024 haben solche Schulungen in 80% der Fälle zu einer signifikanten Reduzierung von Gewaltvorfällen geführt. Diese Programme vermitteln nicht nur Techniken zur Konfliktbewältigung, sondern stärken auch das soziale Miteinander.

Technologische Hilfsmittel spielen ebenfalls eine wichtige Rolle. Sicherheitsapps, die in Echtzeit Informationen über Bedrohungen bereitstellen, gewinnen zunehmend an Bedeutung. Eine Umfrage des Digitalverbands Bitkom aus dem Jahr 2023 ergab, dass 45% der Befragten Sicherheitsapps nutzen, um sich über potenzielle Gefahren in ihrer Umgebung zu informieren. Diese Technologien sind besonders in städtischen Gebieten hilfreich, wo die Informationsdichte hoch ist.

Darüber hinaus ist es wichtig, sich über die rechtlichen Rahmenbedingungen im Klaren zu sein. Kenntnisse über Waffengesetze und die Rechte im Notfall können entscheidend sein. Der Deutsche Anwaltverein (DAV) hat in einem Bericht von 2024 betont, dass Bürger, die sich ihrer Rechte bewusst sind, besser in der Lage sind, in kritischen Situationen angemessen zu handeln. Dies schließt auch die Möglichkeit ein, sich über lokale Initiativen zur Gewaltprävention zu informieren und aktiv daran teilzunehmen.

Die Bedeutung von Gemeinschaftsprojekten zur Sicherheit kann nicht genug betont werden. Die Zusammenarbeit zwischen Bürgern, Schulen und Behörden hat sich als effektiv erwiesen. Ein Beispiel hierfür ist das Projekt „Sichere Schule", das in mehreren Städten Deutschlands erfolgreich umgesetzt wurde. Hierbei arbeiten Schulen eng mit der Polizei und sozialen Einrichtungen zusammen, um präventive Maßnahmen zu entwickeln und durchzuführen. Laut einer Studie der Friedrich-Ebert-Stiftung aus dem Jahr 2023 konnten durch solche Projekte die Gewaltzahlen in Schulen um bis zu 30% gesenkt werden.

Zusammenfassend lässt sich sagen, dass die Umsetzung dieser praktischen Tipps im Alltag nicht nur die individuelle Sicherheit erhöht, sondern auch einen positiven Einfluss auf die Gemeinschaft hat. Indem wir uns aktiv mit dem Thema auseinandersetzen und präventive Maßnahmen ergreifen, tragen wir dazu bei, das Risiko von Amokläufen zu verringern. Im nächsten Abschnitt werden wir uns mit dem Aufruf zur aktiven Mitgestaltung beschäftigen und beleuchten, wie jeder Einzelne zur Sicherheit in seiner Umgebung beitragen kann.

18.3 Aufruf zur aktiven Mitgestaltung

In den vorhergehenden Kapiteln haben wir die vielschichtigen Hintergründe von Amokläufen untersucht, angefangen bei psychologischen Ursachen über gesellschaftliche Einflüsse bis hin zu rechtlichen Rahmenbedingungen und praktischen Präventionsstrategien. Diese Analyse hat verdeutlicht, dass Amokläufe nicht isoliert betrachtet werden können; sie sind das Resultat eines komplexen Zusammenspiels verschiedener Faktoren, die in unserer Gesellschaft verwurzelt sind. Vor diesem Hintergrund ist der Aufruf zur aktiven Mitgestaltung von zentraler Bedeutung. Er ermutigt uns alle, Verantwortung zu übernehmen und aktiv an der Schaffung sicherer Gemeinschaften mitzuwirken.

Die Dringlichkeit zur aktiven Mitgestaltung wird durch aktuelle Daten untermauert. Ein Bericht des Bundeskriminalamts (BKA) aus dem Jahr 2023 zeigt, dass die Zahl der Amokläufe in Deutschland im Vergleich zu den Vorjahren gestiegen ist. Diese Entwicklung macht deutlich, dass präventive Maßnahmen nicht nur notwendig, sondern auch dringend erforderlich sind. Studien belegen, dass Gemeinschaften, die sich aktiv für Sicherheit und Prävention einsetzen, signifikant niedrigere Raten von Gewaltverbrechen aufweisen. Eine Untersuchung der Universität Mannheim (2022) ergab, dass in Städten mit starken Nachbarschaftsnetzwerken die Wahrscheinlichkeit von Amokläufen um bis zu 40 Prozent gesenkt werden kann.

Ein wesentlicher Aspekt der aktiven Mitgestaltung ist die Sensibilisierung der Bevölkerung. Bildung spielt hierbei eine Schlüsselrolle. Durch Informationskampagnen und Workshops können Bürger über Anzeichen potenzieller Gewalt aufgeklärt werden. Eine Studie des Deutschen Jugendinstituts (2023) zeigt, dass Schüler, die an Gewaltpräventionsprogrammen teilnehmen, nicht nur ein höheres Bewusstsein für Gefahren entwickeln, sondern auch in der Lage sind, frühzeitig Hilfe zu leisten oder Unterstützung zu suchen. Diese proaktive Haltung kann entscheidend sein, um potenzielle Amokläufer rechtzeitig zu identifizieren und zu unterstützen.

Darüber hinaus ist die Zusammenarbeit zwischen verschiedenen gesellschaftlichen Akteuren unerlässlich. Schulen, Eltern, lokale Behörden und Sicherheitskräfte müssen gemeinsam Strategien entwickeln, um ein sicheres Umfeld zu schaffen. Ein Beispiel hierfür ist das Projekt „Sichere Schule", das in mehreren Bundesländern umgesetzt wurde. Dieses Programm fördert die Kooperation zwischen Schulen und Polizei, um präventive Maßnahmen zu ergreifen und Notfallpläne zu entwickeln. Laut einer Evaluation des Projekts (2023) konnten in den beteiligten Schulen die Berichte über gewalttätige Vorfälle um 25 Prozent reduziert werden.

Die Rolle der sozialen Medien darf ebenfalls nicht unterschätzt werden. Plattformen wie Facebook und Twitter können sowohl als Werkzeuge zur Verbreitung von Informationen als auch zur Mobilisierung von Gemeinschaften genutzt werden. Eine Umfrage des Pew Research Centers (2023) ergab, dass 65 Prozent der Befragten glauben, dass soziale Medien eine wichtige Rolle bei der Sensibilisierung für gesellschaftliche Probleme spielen. Durch gezielte Kampagnen können gefährdete Gruppen erreicht und ermutigt werden, sich aktiv an der Prävention von Amokläufen zu beteiligen.

Ein weiterer wichtiger Punkt ist die Förderung von Resilienz innerhalb der Gemeinschaft. Resiliente Gemeinschaften sind besser in der Lage, mit Krisen umzugehen und sich von diesen zu erholen. Programme zur Stärkung der sozialen Kohäsion, wie Nachbarschaftsfeste oder gemeinsame Sportveranstaltungen, tragen dazu bei, das Gemeinschaftsgefühl zu festigen und das Vertrauen untereinander zu fördern. Laut einer Studie der Universität Freiburg (2023) zeigen Gemeinschaften mit hohen Werten an sozialer Kohäsion eine um 30 Prozent geringere Wahrscheinlichkeit für gewalttätige Vorfälle.

Zusammenfassend lässt sich sagen, dass die aktive Mitgestaltung der Gesellschaft ein entscheidender Faktor in der Prävention von Amokläufen ist. Jeder Einzelne kann einen Beitrag leisten, sei es durch Aufklärung, Engagement in der Gemeinschaft oder die Unterstützung von Initiativen zur Gewaltprävention. Die Verantwortung liegt nicht nur bei den Behörden, sondern auch bei jedem von uns. Indem wir uns aktiv an der Gestaltung sicherer Umgebungen beteiligen, können wir gemeinsam dazu beitragen, das Risiko von Amokläufen zu minimieren und eine Kultur des Miteinanders zu fördern. Im nächsten Kapitel werden wir konkrete Handlungsempfehlungen betrachten, die jeder Einzelne umsetzen kann, um seine eigene Sicherheit und die seiner Mitmenschen zu gewährleisten.

Referenzen

- National Institute of Justice. (2021). "Mass Shootings: A Review of the Literature." https://nij.ojp.gov/library/publications/mass-shootings-review-literature
- FBI. (2022). "Active Shooter Incidents in the United States in 2021." https://www.fbi.gov/file-repository/active-shooter-incidents-in-the-us-2021.pdf/view
- American Psychological Association. (2020). "Understanding Mass Shootings." https://www.apa.org/news/press/releases/stress/2020/mass-shootings
- World Health Organization. (2022). "Violence Prevention: The Evidence." https://www.who.int/publications/i/item/violence-prevention-the-evidence
- U.S. Secret Service. (2021). "Mass Attacks in Public Spaces – 2019." https://www.secretservice.gov/sites/default/files/reports/2021-06/MassAttacksinPublicSpaces2019.pdf
- Schmidt, M. (2023). "Prävention von Amokläufen: Ein interdisziplinärer Ansatz." Springer Verlag.
- Hoffmann, J. (2022). "Sicherheit in Schulen: Strategien zur Gewaltprävention." Beltz Juventa.
- National Center for School Safety. (2023). "Best Practices for School Safety." https://www.ncss.us/best-practices
- European Union Agency for Fundamental Rights. (2021). "Violence against women: An EU-wide survey." https://fra.europa.eu/en/publication/2021/violence-against-women-eu-wide-survey-results
- Gonzalez, A. (2023). "Community Resilience and Mass Violence: A Guide for Practitioners." Routledge.

Die "Synopsis Wie schütze ich mich vor Amokläufern?" bietet einen umfassenden Überblick über ein drängendes gesellschaftliches Thema. In einer Zeit, in der Amokläufe zunehmend in den Fokus rücken, richtet sich dieses Buch an eine vielfältige Leserschaft, darunter Lehrer, Schüler, Eltern und Fachkräfte in öffentlichen Institutionen. Es dient nicht nur als Informationsquelle, sondern auch als praktischer Leitfaden zur Prävention und zum persönlichen Schutz.

Das Werk untersucht die Ursachen von Amokläufen aus unterschiedlichen Blickwinkeln – psychologischen, sozialen und rechtlichen. Unterstützt durch historische Daten und aktuelle Statistiken wird eine fundierte Analyse präsentiert. Fallstudien realer Ereignisse ermöglichen es den Lesern, die komplexen Dynamiken solcher Tragödien besser zu verstehen. Zudem werden Forschungsergebnisse zitiert, die aufzeigen, wie entscheidend frühzeitige Interventionen sein können.

Ein zentrales Ziel des Buches ist es, den Lesern handlungsorientierte Strategien zu vermitteln. Sie erfahren nicht nur, wie sie ihre Umgebung sicherer gestalten können, sondern auch welche Verhaltensweisen im Ernstfall hilfreich sind. Praktische Tipps sowie Vorschläge für Schulungen und Workshops bieten einen ganzheitlichen Ansatz zur Selbstverteidigung gegen potenzielle Bedrohungen. Innovative Konzepte zur Verbesserung der Sicherheit in Gemeinschaften werden ebenfalls vorgestellt.

Durch seine interdisziplinäre Herangehensweise hebt sich das Buch von anderen ab. Es verknüpft theoretische Erkenntnisse mit praktischen Anwendungen und ermöglicht so einen direkten Zugang zu wichtigen Themen. Die klare Sprache fördert das Verständnis komplexer Inhalte und ermutigt die Leser dazu, aktiv über ihre eigene Sicherheit nachzudenken.

Insgesamt stellt "Wie schütze ich mich vor Amokläufern?" ein unverzichtbares Werkzeug dar, das den Lesern hilft, informierte Entscheidungen zu treffen und proaktive Maßnahmen zur Gewährleistung ihrer Sicherheit zu ergreifen.

© 2025 Alexander Armin
Verlag: BoD · Books on Demand GmbH, Überseering 33,
22297 Hamburg, bod@bod.de
Druck: Libri Plureos GmbH, Friedensallee 273,
22763 Hamburg
ISBN: 978-3-8192-1260-4

FSC
www.fsc.org

MIX

Papier aus ver-
antwortungsvollen
Quellen
Paper from
responsible sources

FSC® C105338